JN113992

英語長文
レベル別問題集
改訂版

2 初級編

東進ハイスクール・東進衛星予備校 講師
安河内哲也　大岩秀樹
YASUKOCHI Tetsuya　OIWA Hideki

東進ブックス

まえがき

「英語長文レベル別問題集」の世界へようこそ。この問題集は各種の試験においてますます出題が増加している長文読解を，段階別に音声や動画を使って訓練できるように工夫されたシリーズです。**自分に最も合ったレベルから，小さなステップを踏み，練習を重ねることによって，第一志望合格レベルに到達することを目標としています。**レベル①は中学2年生レベルから始まり，レベル⑥は，最難関大学に対応できるレベルとなっています。この間の細かなレベル分類の中に，必ず自分のスタートすべきレベルが見つかるはずです。

このシリーズにおいては，英文の内容が偏らないように様々なテーマの英文を選択しました。同じようなテーマの英文が連続し，興味を失うことのないよう，配列にも工夫をしています。長文読解は，**「単語」「熟語」「構造」**だけではなく，**内容に関する豊富な知識を持つことが非常に大切な学習分野**となります。様々なテーマの英文を楽しんで読み進めることにより，英文を読むために必要な一般常識の力もいっしょに身につけていきましょう。

また，長文読解と一言で言っても，「単語」「熟語」「構造把握力」「速読力」など，すべての英語の力を結集して行う「総合技術」のようなものです。だから，「これをやればすぐにできるようになる」といった単純な処方箋がないのです。

本書を学習する皆さんは，このような長文読解の特徴を十分に理解し，コツコツと正攻法で学習を進めてください。特に，速読力を身につけるためには，英文を一度読んで答え合わせをするだけではなく，**英文をしっかりと理解したうえで，繰り返し聞いたり，音読したりすることが極めて重要**です。ぜひ，本書付属の音声や動画を活用し，繰り返して英語に対する反射神経を磨いてください。最終的には，学習した長文を耳で聞いてすべてわかるようにしてしまいましょう。

この問題集の大きな特徴は「使いやすさ」です。限られたページ数の中で，学習が能率的に進められるよう，工夫の限りを尽くしたデザインとなっています。

重要度からすれば，まさに入試の核とも言えるのが「長文読解」の学習です。本書を片手に受験生の皆さんが**「将来も役に立つ長文読解力」**を身につけてくれることを祈り，応援しております。

安河内 哲也／大岩 秀樹

● 改訂のポイント ●

■ 古いトピックの長文を削除し，**最新の傾向に合った長文**を新規収録*しました。

② 複雑な構造の文章やつまずきやすい文章に対し，**構文解説**を追加しました。

③ 複数のナレーター（アメリカ人／イギリス人／インド人）の音声を収録しました。

④ 学習効果を飛躍的に高める**2種類の動画コンテンツ**を追加しました。

※レベル②では12題中3題を新規差し替え

レベル②の特徴

こんな人に最適！
☑ 高校受験のときから長文読解で苦労している人
☑ 大学入試基礎レベルの長文を読むのに非常に苦労している人
☑ 英検準2級合格を目指す人

レベル②の位置付け

　このレベルでは公立高校の入試で使用された英文を中心に，**非常に基礎的な英文を速く，正確に読む力**を練習します。高校受験レベルの英文ではありますが，このレベルをしっかりと学習することによって，大学入試に通用する英文読解の基礎力を身につけることができます。

　レベル①に比べ，語彙のレベルも上がってくるので，「語句リスト」などを利用して，知らない単語はしっかりと覚えていきましょう。

英文を時間内に正しく読む力を身につけよう！

　レベル②の設問は様々な試験で出題される空所補充，下線部和訳などバラエティーに富むものをほどこしました。英文を読む力に加えて，これらの設問を時間内にすばやく解く力も養成していきます。

　レベル②までの学習をしっかりと進めれば，**中学レベルの英文から，大学入試に出題される基礎的な英文であればなんとか読み解く力を身につけた**と言えるでしょう。さらにレベル③へと進み，レベルアップを図っていきましょう。

▼志望校レベルと本書のレベル対照表

難易度	偏差値	志望校レベル 国公立大（例）	志望校レベル 私立大（例）	英検	本書のレベル（目安）
難 ↑	～67	東京大, 京都大	国際基督教大, 慶應義塾大, 早稲田大	準1級	⑥最上級編
	66～63	一橋大, 東京外国語大, 国際教養大, 筑波大, 名古屋大, 大阪大, 北海道大, 東北大, 神戸大, 東京都立大	上智大, 青山学院大, 明治大, 立教大, 中央大, 同志社大		⑤上級編
	62～60	お茶の水女子大, 横浜国立大, 九州大, 名古屋市立大, 千葉大, 京都府立大, 信州大, 広島大, 静岡県立大 など	東京理科大, 法政大, 学習院大, 武蔵大, 中京大, 立命館大, 関西大, 成蹊大	2級	④中級編
	59～57	茨城大, 埼玉大, 岡山大, 熊本大, 新潟大, 富山大, 静岡大, 高崎経済大, 長野大, 山形大, 岐阜大, 和歌山大 など	津田塾大, 関西学院大, 獨協大, 國學院大, 成城大, 南山大, 武蔵野大, 駒澤大, 専修大, 東洋大, 日本女子大 など		
	56～55	共通テスト, 広島市立大, 宇都宮大, 山口大, 徳島大, 愛媛大 など	東海大, 文教大, 立正大, 西南学院大, 近畿大, 東京女子大, 日本大 など	準2級	③標準編
	54～51	弘前大, 秋田大, 琉球大, 長崎県立大, 石川県立大, 富山県立大 など	亜細亜大, 大妻女子大, 大正大, 国士舘大, 名城大, 杏林大, 京都産業大 など		
	50～	北見工業大, 釧路公立大, 水産大 など	大東文化大, 拓殖大, 摂南大, 共立女子短大 など		②初級編
易 ↓	－	難関公立高校（高1・2生）	難関私立高校（高1・2生）	3級	①超基礎編
		一般公立高校（中学基礎～高校入門）	一般私立高校（中学基礎～高校入門）		

本書の使い方

　本書には，各レベルに合った英語長文問題が全12題（Lesson 01～12）収録されています。各 Lesson は，❶問題文→❷設問→❸解答・解説→❹構造確認／和訳（＋語句リスト）という極めてシンプルな見開き構成で進んでいきます。

▶制限時間を目安に，問題文を読んで次ページの問題にチャレンジしましょう。

▶各設問を解き，解答欄に答えを書き込みましょう。

▶答え合わせ・採点をしてください。解説をよく読み，理解を深めましょう。

▶英文の構造を学び，訳を確認しましょう。語句リストで単語も確認しましょう。

　学習を開始する前に，著者による**「ガイダンス動画」**を視聴して，**本書の効率的な活用法や復習の方法**をチェックしましょう。「ガイダンス動画」は，右の QR コードをスマートフォンなどで読み取ることで視聴できます。

▼ガイダンス動画

　❶から❹まで一通り終わったら，本書付属の**音声**や**「音読動画」「リスニング動画」**で復習しましょう。音読をするときは，ただ機械のように読み上げても意味がありません。**正しい発音を意識して，文の内容を理解**しながら音読すると効果が高まります。「音読動画」ではネイティブの口元も確認できるので，真似して発音してみましょう。ぜひ楽しみながら，繰り返し練習してくださいね。

● 本書で使用する記号 ●

S ＝主語　　V ＝動詞（原形）　　O ＝目的語　　C ＝補語
※従属節の場合は S′ V′ O′ C′ を使用。

SV ＝文・節（主語＋動詞）　　Vp ＝過去形　　Vpp ＝過去分詞
Ving ＝現在分詞 or 動名詞　　to V ＝不定詞

～ ＝名詞　　... / … ＝形容詞or 副詞　　..... ＝その他の要素（文や節など）

[ ] ＝言い換え可能　※英文中の [ ] の場合　　　（ ）＝省略可能　※英文中の（ ）の場合
A／B ＝対になる要素（品詞は関係なし）　　　①②③ など ＝同じ要素の並列
O(A) O(B) ＝第4文型（S V O(A) O(B)）の目的語

[ ] ＝名詞（のカタマリ）　　　　　　　▭ ＝修飾される名詞（のカタマリ）
< > ＝形容詞（のカタマリ）・同格　　　（ ）＝副詞（のカタマリ）

4

音声・動画の使い方

音声について

すべての問題文（英文）の読み上げ音声を聞くことができます。複数のナレーター（アメリカ人／イギリス人／インド人）による音声を収録しました。音声ファイルの名称は下記のようにつけられています。

01 LV2 Lesson01 USA.mp3
トラック名　レベル　　レッスン　　ナレーターの国籍

- USA ＝アメリカ人（全レッスン）
- UK ＝イギリス人（奇数レッスン）
- INDIA ＝インド人（偶数レッスン）

音声の再生方法

1 ダウンロードして聞く（PCをお使いの場合）

「東進WEB書店（https://www.toshin.com/books/）」の本書ページにアクセスし, パスワード「8RwbLV22M」を入力してください。mp3形式の音声データをダウンロードできます。

2 ストリーミング再生で聞く（スマートフォンをお使いの場合）

右のQRコードを読み取り,「書籍音声の再生はこちら」ボタンを押してパスワード「8RwbLV22M」を入力してください。

※ストリーミング再生は, パケット通信料がかかります。

動画について

本書には,「音読動画」「リスニング動画」の２種類の動画が収録されています。

音読動画：チャンクごとにリピーティングを行う動画です（出演：ニック・ノートン先生）。**「耳アイコン」**が表示されているときはネイティブの発音を聞き,**「話すアイコン」**が表示されているときはネイティブを真似して発音しましょう。

リスニング動画：本文のスクリプト付きの音声動画です。**オーバーラッピング**（スクリプトを見ながら音声と同時に発音する）,**シャドーイング**（音声を追いかけるように発音する）などで活用してください。

動画の再生方法

右のQRコードを読み取ると, それぞれの専用ページにアクセスできます。Lesson00（各動画の使い方説明）とLesson01〜12が一覧になっているので, 学習したいレッスンのURLを選んで視聴してください。

▼音読動画 　▼リスニング動画

構造確認の記号

[名詞] の働きをするもの

▶名詞の働きをする部分は [ ] で囲む。

1 動名詞

[Eating too much] is bad for your health.
[食べ過ぎること] は健康に悪い。

My sister is very good at [singing *karaoke*].
私の姉は [カラオケを歌うこと] がとても上手だ。

2 不定詞の名詞的用法

Her dream was [to become a novelist].
彼女の夢は [小説家になること] だった。

It is difficult [to understand this theory].
[この理論を理解すること] は難しい。

3 疑問詞＋不定詞

Would you tell me [how to get to the stadium]?
[どのようにして競技場へ行けばよいか] を教えていただけますか。

I didn't know [what to say].
私は [何と言ってよいのか] わからなかった。

4 that 節「S が V するということ」

I think [that he will pass the test].
私は [彼がテストに合格するだろう] と思う。

It is strange [that she hasn't arrived yet].
[彼女がまだ到着していないというの] は奇妙だ。

5 if 節「S が V するかどうか」

I asked her [if she would attend the party].
私は彼女に [パーティーに出席するかどうか] を尋ねた。

It is doubtful [if they will accept our offer].
[彼らが私たちの申し出を受け入れるかどうか] は疑わしい。

6 疑問詞節

Do you know [where he comes from]?
あなたは [彼がどこの出身であるか] 知っていますか。

I don't remember [what time I left home].
私は [何時に家を出たか] 覚えていません。

7 関係代名詞の what 節

I didn't understand [what he said].
私は [彼が言うこと] を理解できなかった。

[What you need most] is a good rest.
[君に最も必要なもの] は十分な休息だ。

＜形容詞＞の働きをするもの

▶形容詞の働きをする部分を ＜ ＞で囲み，修飾される名詞を □ で囲む。

1 前置詞＋名詞

What is the population ＜of this city＞?
＜この市の＞ 人口 はどのくらいですか。

Look at the picture ＜on the wall＞.
＜壁に掛かっている＞ 絵 を見なさい。

2 不定詞の形容詞的用法

Today I have a lot of work ＜to do＞.
今日私は＜するべき＞ たくさんの仕事 がある。

Some people have no house ＜to live in＞.
＜住むための＞ 家 を持たない人々もいる。

3 現在分詞

The building ＜standing over there＞ is a church.
＜向こうに建っている＞ 建物 は教会です。

A woman ＜carrying a large parcel＞ got out of the bus.
＜大きな包みを抱えた＞ 女性 がバスから降りてきた。

4 過去分詞

This is a shirt ＜made in China＞.
これは＜中国で作られた＞ シャツ です。

Cars ＜parked here＞ will be removed.
＜ここに駐車された＞ 車 は撤去されます。

5 関係代名詞節

Do you know the man ＜who is standing by the gate＞?
あなたは＜門のそばに立っている＞ 男性 を知っていますか。

Is this the key ＜which you were looking for＞?
これが＜あなたが探していた＞ 鍵 ですか。

A woman ＜whose husband is dead＞ is called a widow.
＜夫が亡くなっている＞ 女性 は未亡人と呼ばれる。

6 関係副詞節

Do you remember the day ＜when we met for the first time＞?
＜私たちが初めて出会った＞ 日 をあなたは覚えていますか。

Kyoto is the city ＜where I was born＞.
京都は＜私が生まれた＞ 都市 です。

＜同格＞の働きをするもの

▶同格説明の部分を＜　＞で囲み，説明される名詞を □ で囲む。

1 同格の that 節

We were surprised at the news <that he entered the hospital>.
＜彼が入院したという＞ 知らせ に私たちは驚いた。

There is little chance <that he will win>.
＜彼が勝つという＞ 見込み はほとんどない。

2 カンマによる同格補足

Masao , <my eldest son>, is finishing high school this year.
＜私の長男である＞ マサオ は，今年高校を卒業する予定です。

I lived in Louisville , <the largest city in Kentucky>.
私は＜ケンタッキー州最大の都市である＞ ルイビル に住んでいた。

（副詞）の働きをするもの

▶副詞の働きをする部分を（　）で囲む。

1 前置詞＋名詞

I met my teacher (at the bookstore).
私は (本屋で) 先生に会った。

I listened to music (over the radio).
私は (ラジオで) 音楽を聞いた。

2 分詞構文 (Ving)

(Preparing for supper), she cut her finger.
(夕食の準備をしていて) 彼女は指を切った。

(Having read the newspaper), I know about the accident.
(新聞を読んだので) その事故については知っている。

3 受動分詞構文 (Vpp)

(Seen from a distance), the rock looks like a human face.
(遠くから見られたとき) その岩は人間の顔のように見える。

(Shocked at the news), she fainted.
(その知らせを聞いてショックを受けたので) 彼女は卒倒した。

4 従属接続詞＋Ｓ Ｖ

(When I was a child), I went to Hawaii.
(子供の頃に) 私はハワイへ行った。

I didn't go to the party (because I had a cold).
(かぜをひいていたので) 私はパーティーに行かなかった。

5 不定詞の副詞的用法

I was very surprised (to hear the news).
私は (その知らせを聞いて) とても驚いた。

(To drive a car), you have to get a driver's license.
(車を運転するためには) 君は運転免許を取らねばならない。

特殊な記号

1 主節の挿入 { }

Mr. Tanaka, {I think}, is a good teacher.
田中先生は良い教師だと {私は思う}。

His explanation, {it seems}, doesn't make sense.
彼の説明は意味をなさない {ように思える}。

2 関係代名詞主格の直後の挿入 { }

He has a son who {people say} is a genius.
彼は天才だと {人々が言う} 息子を持っている。

Do what {you think} is right.
正しいと {あなたが思う} ことをしなさい。

3 関係代名詞の as 節（　）

＊これは副詞的感覚で使用されるため，本書ではあえて（　）の記号を使用しています。

(As is usual with him), Mike played sick.
(彼には普通のことだが) マイクは仮病を使った。

He is from Kyushu, (as you know from his accent).
(あなたが彼のなまりからわかるとおり)，彼は九州出身です。

もくじ ⊕学習記録

＊問題を解いたあとは得点と日付を記入し，付属の音声を聴いたり，「音読動画」「リスニング動画」を視聴したりして繰り返し復習しましょう。

＊本書に収録している英文は，入試に使用された英文を使用しているため，出題者のリライトなどにより，原典と異なる場合があります。

LV2
STAGE-1

Lesson 01
問題文

単 語 数 ▶ 221 words
制限時間 ▶ 20 分
目標得点 ▶ 40 ／50点

DATE

■次の英文を読み，あとの設問に答えなさい。

(A)Earth is called a planet of water, because it has a lot of water. But most of the water on Earth is sea water. We can't use it for drinking or for growing plants. We can only use freshwater for these purposes, and only about 3 percent of all water on Earth is freshwater. So freshwater is very important.

Freshwater is used in many ways. For example, at home we use it for cooking, washing clothes, and taking a bath. In factories we use it for making paper or making machines cool. For farming we use freshwater to grow crops. We need a lot of freshwater to do these things.

Here is an interesting idea about freshwater: freshwater goes from one country to another. Japanese people are buying a lot of food from other countries. In those countries, a lot of freshwater is used to produce food. It means that Japanese people are using freshwater from other countries.

(B)In other words, we are sharing freshwater with people all over the world.

（1） 下線部(A)，(B)を和訳しなさい。

（2） 以下の3つの文を意味が通るように並べて，本文中の▢に入れな
さい。ただし，答えは記号で書くこと。

1 Because they are buying a lot of things made in Japanese factories, and a lot of freshwater is used to produce them.

2 And we can also say that people from other countries are using freshwater from Japan.

3 In this way, people in the world are exchanging freshwater with each other.

（3） 本文の内容と一致するものを，次の選択肢の中から2つ選びなさい。

1 地球上のほとんどの水は淡水である。

2 海水は飲むことはできないが，植物を育てるために使うことはできる。

3 工場では水を使うことはほとんどない。

4 淡水には様々な用途がある。

5 日本は多くの食物を他国へと輸出している。

6 世界の国々は淡水を間接的に共有し合っている。

		解 答 用 紙	
(1)	(A)		
	(B)		
(2)		→	→
(3)			

LEVEL-2
解答・解説

（1）

(A) call O C（O を C と呼ぶ）が受動態になり，S be called C になっていることに注意してください。because S V（S が V するので）は原因・理由を述べる接続詞です。

(B) 重要表現 in other words（言い換えれば）と share A with B（A を B と共有する）に注意して訳しましょう。

（2） 下記のような手がかりから，**2 → 1 → 3** の順番であると判断できます。

1 なぜなら，彼らは日本の工場で作られた多くのものを買っており，多くの淡水がそれらを生産するために使われるからである。

→原因・理由を述べる接続詞「because S V」で始まっていることから，直前の文は**結果**にあたる文であるとわかります［因果関係］。

2 そして私たちは，他の国々の人々が日本の淡水を使っていると言うこともできる。

→文頭に And があることから，この文と前の文は「同じような形」，「同じような意味」または「同じようなイメージ」を持った文であると想像できます。

3 このように，世界中の人々がお互いに淡水を交換し合っている。

→「このように」と述べていることから，前の文までは「どのように淡水を交換し合っているのか」が述べられていると考えられます。

（3）　**1**　第1段落第2文「しかし，地球の水の大部分は**海水である**」という記述に矛盾します。

　　2　第1段落第3文「私たちはそれを飲んだり**植物を育てたり**するために使うことはできない」という記述に矛盾します。

　　3　第2段落第3文「工場では，**紙を作ったり機械を冷却したりするのに使う**」という記述に矛盾します。

　　④　第2段落第1文に一致します。

　　5　第3段落第2文に「日本人は，他の国々から多くの食物を**買っている**」と輸入についての記述はありますが，食物の輸出についての記述はありません。

　　⑥　第4段落第3文に一致します。

正　解		
(1) (各12点)	(A) 地球にはたくさんの水があるので，地球は水の惑星と呼ばれている。		
	(B) 言い換えれば，私たちは淡水を世界中の人々と分け合っているのである。		
(2) (10点)	**2→1→3**		
(3) (各8点)	**4, 6**		

得点	（1回目） 　　／50点	（2回目）	（3回目）	CHECK YOUR LEVEL	0〜30点 ➡ *Work harder!* 31〜40点 ➡ *OK!* 41〜50点 ➡ *Way to go!*

Lesson 01
構造確認

❶ Earth is called [a planet] <of water>, (because it has a lot of water). But
　S　 V　　　　　C　　　　　　　　　　　　　　S' V'　 O'
[most] <of the [water] <on Earth>> is sea water. We can't use it (for [drinking])
　S　　　　　　　　　　　　　 V　　C　　 S　 V　　O
or (for [growing plants]). **❶** We can (only) use freshwater (for these purposes),
　　　　　　　　　　　　　　　　 S　　　　　　 V　　　O
and [only about 3 percent] <of [all water] <on Earth>> is freshwater. (So)
　　　S　　　　　　　　　　　　　　　　　　　　　 V　 C
freshwater is very important.
　S　　　　 V　　　　C
❷ Freshwater is used (in many ways). (For example), (at home) we use it
　　S　 **❷**　　 V　　　　　　　　　　　　　　　　　　　　　S　 V　 O
(for [cooking], [washing clothes], and [taking a bath]). (In factories) we use
　　　 ❸　　　　　　　　　　　　　　　　　　　　　　　　　　　S　 V
it (for [making paper] or [making machines cool]). (For farming) we use
O　　　　　　　　　　　　　　　　　　　　　　　　　　　　　　　　 S　 V
freshwater (to grow crops). We need a lot of freshwater (to do these things).
O　　　　　　　　　　　　　 S　 V　　O

・‥‥‥‥‥‥‥‥‥‥‥‥‥‥‥‥‥‥‥‥ 構文解説 ‥‥‥‥‥‥‥‥‥‥‥‥‥‥‥‥‥‥‥‥・

❶ A and B は A と B が「語と語」「句と句」「節と節」「文と文」のように同じ形を並べる。ここでは，「A = We ..... these purposes」「B = only about 3 percent ..... freshwater」を並べている。

❷ A and B は同じ形を並べるが，3 つ以上並べる場合は「A, B and C」「A, B, C and D」のように最後以外はカンマで並べる。よって，ここでは「A = cooking」「B = washing clothes」「C = taking a bath」を並べている。

❸ or は A and B と同様に同じ形を並べる。ここでは，「A = making paper」「B = making machines cool」を並べている。

【和訳】

❶ 地球にはたくさんの水があるので，地球は水の惑星と呼ばれている。しかし，地球の水の大部分は海水である。私たちはそれを飲んだり植物を育てたりするために使うことはできない。私たちがこれらの目的のために使うことができるのは淡水だけであり，淡水は地球の水全体の約3%にすぎない。だから，淡水は非常に大切である。

❷ 淡水は，多くの方法で使われている。例えば，家庭ではそれを料理や衣服の洗濯，入浴に使う。工場では，紙を作ったり機械を冷却したりするのに使う。農業では，作物を育てるのに淡水を使う。私たちは，これらのことをするために多くの淡水を必要とする。

重要語句リスト

❶
- [ ] Earth　　　　图 地球
- [ ] call O C　　　動 OをCと呼ぶ
- [ ] planet　　　　图 惑星
- [ ] because S V　　接 SがVするので
- [ ] most of ～　　熟 ～の大部分
- [ ] sea water　　　图 海水
- [ ] use ～ for Ving　熟 Vするために～を使う
- [ ] grow　　　　　動 ～を育てる，～を栽培する
- [ ] plant　　　　图 植物
- [ ] freshwater　　图 淡水
- [ ] purpose　　　图 目的
- [ ] percent　　　图 パーセント
- [ ] important　　　形 大切な，重要な

❷
- [ ] in many ways　熟 多くの方法［点］で
- [ ] for example　　熟 例えば
- [ ] at home　　　熟 家で［に］
- [ ] cook　　　　　動 料理する
- [ ] clothes　　　图 衣服
- [ ] take a bath　　熟 入浴する
- [ ] factory　　　图 工場
- [ ] make O C　　動 OをCにする
- [ ] machine　　　图 機械
- [ ] cool　　　　　形 冷たい
- [ ] farming　　　图 農業
- [ ] crop　　　　图 作物
- [ ] need　　　　動 ～を必要とする

❸ Here is an interesting idea <about freshwater>: <freshwater goes (from
one country to another)>. Japanese people are buying a lot of food (from other
countries). (In those countries), a lot of freshwater is used (to produce food).
It means [that Japanese people are using freshwater <from other countries>].
❹ And we can (also) say [that people <from other countries> are using
freshwater <from Japan>]. Because they are buying a lot of things <made
(in Japanese factories)>, and a lot of freshwater is used (to produce them). (In
this way), people <in the world> are exchanging freshwater (with each other).
(In other words), we are sharing freshwater (with people <all over the
world>).

---

4 「：（コロン）」は句読点の一種で，「つまり」「例を挙げると」のように，説明を加える働きがある。ここでは，「ここに，淡水がある国から別の国へ移動するという，淡水に関する面白い考えがある。（例を挙げると）日本人は，……」のように，淡水の国家間の移動に関する内容をコロンの直後で説明している。

5 「Because .....」は前文［結果］に対する理由を述べることができる。ここでは，「（原因）彼らは日本の工場で作られた多くのものを買っており，多くの淡水がそれらを生産するために使われるからである→（結果）私たちは，他の国々の人々が日本の淡水を使っていると言うこともできる」の因果関係がある。

❸ ここに，淡水がある国から別の国へ移動するという，淡水に関する面白い考えがある。日本人は，他の国々から多くの食物を買っている。それらの国では，食物を生産するために多くの淡水が使われる。それは，日本人が他の国々の淡水を使っていることを意味する。

❹ そして私たちは，他の国々の人々が日本の淡水を使っていると言うこともできる。なぜなら，彼らは日本の工場で作られた多くのものを買っており，多くの淡水がそれらを生産するために使われるからである。このように，世界中の人々がお互いに淡水を交換し合っている。言い換えれば，私たちは淡水を世界中の人々と分け合っているのである。

❸

☐ Here is ～	熟 ここに〜がある
☐ idea	名 考え，思想
☐ country	名 国
☐ go from A to B	熟 A から B へ行く［移動する］
☐ another	代 もう１つ［別］のもの
☐ buy	動 〜を買う
☐ other	形 他の
☐ be used to V	熟 V するために使われる
☐ produce	動 〜を生産する
☐ mean that S V	熟 S が V することを意味する

❹

☐ in this way	熟 このように［して］
☐ exchange	動 〜を交換する
☐ each other	代 お互い
☐ in other words	熟 言い換えれば
☐ share A with B	熟 A を B と共有する

LEVEL-2

Lesson 02
問題文

単 語 数▶ 239 words
制限時間▶ 20 分
目標得点▶ 40 ／50点

DATE

■次の英文を読み，あとの設問に答えなさい。

(A)Are we the only animals to feel emotions like love and anger? Are we the only animals that use tools? (B)Many people thought humans were the only animals to feel emotions and use tools.

Ms. Jane Goodall tried to answer these questions. When she was a girl, she liked reading "Dr. Doolittle." It was about a man who could talk with animals. She decided to go to Africa to study the chimpanzee, which is a kind of monkey. (C)Chimpanzees are animals that are nearest to humans. For forty years, she studied chimpanzees in Africa, so she could change people's ideas about them.

Jane Goodall made friends with the chimpanzees soon. She found a hill where she could sit and watch them. Each day, she could move closer to them. She learned many things from them.

She found chimpanzees had their own characters and emotions. "They show emotions like us, and chimpanzees are more like humans," she wrote. She found that they had strong love among wonderful family members like grandparents, parents, brothers, and sisters. They kissed and held each other.

She also found they used tools. The chimpanzees would take long pieces of grass and put them into white ant houses. Then the chimpanzees would catch the white ants on the grass.

Now, we know what she studied in Africa. She has showed us what

she has found out about chimpanzees in order to change people's ideas
about them.

設問

（1）　本文の内容と一致するように，次の1～4の英文の空所に当てはまるも
　　　のを，それぞれの選択肢の中から1つ選びなさい。

　　1　（　　　）can use tools.

　　　1　Only humans

　　　2　Humans and chimpanzees

　　　3　Only chimpanzees

　　　4　All animals

　　2　Jane Goodall decided to （　　　）.

　　　1　go to Africa to study chimpanzees

　　　2　talk with chimpanzees

　　　3　read "Dr. Doolittle" again

　　　4　make friends

　　3　Chimpanzees are （　　　）.

　　　1　different from humans

　　　2　stronger than humans

　　　3　more like humans

　　　4　wiser than humans

　　4　This story is about （　　　）.

　　　1　studying humans

　　　2　studying emotions like anger and love

　　　3　using tools to eat something

　　　4　studying chimpanzees to change people's ideas about them

（2） 下線部(A)～(C)を和訳しなさい。

解　答　用　紙		
(1)	1　　　　　　　　　　2	
	3　　　　　　　　　　4	
(2)	(A)	
	(B)	
	(C)	

解答・解説

(1)

1　(　　　)が道具を使うことができる。

1　人間だけ　　　　　　　　　　**②**　人間とチンパンジー

3　チンパンジーだけ　　　　　　**4**　すべての動物

▶**第1段落**最終文に「多くの人々は，人間が感情を持ち，道具を使う唯一の動物だと考えていた」とあること，また**第5段落**第1文に「彼女はまた，彼ら［チンパンジー］が道具を使うことも発見した」とあることから，人間とチンパンジーが道具を使うと言えます。

2　ジェーン・グッドールは(　　　)決心をした。

①　チンパンジーの研究をするためにアフリカへ行く

2　チンパンジーと話す

3　『ドリトル先生』をもう一度読む

4　友達を作る

▶ジェーン・グッドールの決心は**第2段落**第4文に示されています。「彼女は，猿の一種であるチンパンジーの研究をするために，アフリカへ行く決心をした」とあるので，**1**が正解です。

3　チンパンジーは(　　　)。

1　人間とは異なる　　　　　　**2**　人間よりも強い

③　人間により似ている　　　　**4**　人間よりも賢い

▶**第4段落**第2文に「チンパンジーは人間により似ている」とあるので，**3**が正解です。

4　この物語は(　　　)についてである。

1　人間の研究

2　怒りや愛のような感情の研究

3　何かを食べるために道具を使うこと

④　人々の考えを変えるためのチンパンジーの研究

▶**第6段落**最終文に，「彼女は彼ら［チンパンジー］についての人々の考えを変えるために，チンパンジーについて発見したことを私たちに示した」とあるので，この物語は**4**についてであったと判断できます。

(2)

(A)　the only ～ to V（Vする唯一の～）と，前置詞 like ～（～のような［に]）に注意して訳しましょう。

(B)　文の主語は Many people，述語動詞は thought。thought と humans の間には接続詞の that が省略されています。(A)と同様に，「the only ～ to V」に注意し，また，and が feel emotions と use tools を並べていることに注意して訳しましょう。

(C)　that が関係代名詞であることに注意しましょう。that には様々な用法がありますが，今回は that の後ろの主語が抜けていることから，that は主格の関係代名詞だと判断できます。

正　解			
(1)（各5点）	1 **2**		2 **1**
	3 **3**		4 **4**
(2)（各10点）	(A) 私たちは，愛情や怒りのような感情を感じる唯一の動物なのだろうか。		
	(B) 多くの人々は，人間が感情を持ち，道具を使う唯一の動物だと考えていた。		
	(C) チンパンジーは，人間に最も近い動物である。		

得点	（1回目）　　／50点	（2回目）	（3回目）	CHECK YOUR LEVEL	0～30点 ➡ *Work harder!*　31～40点 ➡ *OK!*　41～50点 ➡ *Way to go!*

構造確認

[ ]＝名詞　□＝修飾される名詞　< >＝形容詞・同格　( )＝副詞
S＝主語　V＝動詞　O＝目的語　C＝補語　'＝従節

❶ Are we [the only animals] <to feel [emotions] <like love and anger>>? Are
we [the only animals] <that use tools>? Many people thought [humans were
the only animals] <to feel emotions and use tools>].

❷ Ms. Jane Goodall tried [to answer these questions]. (When she was a girl),
she liked [reading "Dr. Doolittle."] It was about [a man] <who could talk (with
animals)>. She decided [to go to Africa] (to study [the chimpanzee], <which
is a kind of monkey>). Chimpanzees are [animals] <that are nearest (to
humans)>. (For forty years), she studied chimpanzees (in Africa), so she could
change [people's ideas] <about them>.

❸ Jane Goodall made friends (with the chimpanzees) (soon). She found
a hill <where she could sit and watch them>. (Each day), she could move
(closer) (to them). She learned many things (from them).

---------- 構文解説 ----------

1「the only 名詞 that .....」は「..... する唯一の名詞」を意味する関係代名詞を使った表現。ここでは，that から tools までが先行詞 the only animals の説明になっている。

2「人 + who .....」は「～する人」のように，人を表す名詞に説明を加える関係代名詞。ここでは，who から animals までが先行詞 a man の説明になっている。

3「人以外 + which .....」は「～する人以外」のように，人以外の名詞に説明を加える関係代名詞。ここでは，which から monkey までが先行詞 the chimpanzee の説明になっている。また，the chimpanzee のような誰もが知る名詞に「補足的な説明」を加える場合は，「人以外, which .....」のように，カンマが置かれることが多い。

4「場所 + where .....」は「～する場所」のように，場所に説明を加える関係副詞。ここでは，where から them までが先行詞 a hill の説明になっている。

【和訳】

❶ 私たちは，愛情や怒りのような感情を感じる唯一の動物なのだろうか。私たちは，道具を使う唯一の動物なのだろうか。多くの人々は，人間が感情を持ち，道具を使う唯一の動物だと考えていた。

❷ ジェーン・グッドール女史は，これらの疑問に答えようとした。彼女は子供の頃，『ドリトル先生』を読むのが好きだった。それは，動物と話すことができる男性の話だった。彼女は，猿の一種であるチンパンジーの研究をするために，アフリカへ行く決心をした。チンパンジーは，人間に最も近い動物である。彼女は40年間アフリカでチンパンジーを研究した結果，彼らについての人々の考えを変えることができた。

❸ ジェーン・グッドールは，すぐにチンパンジーたちと仲良くなった。彼女は丘を見つけ，そこで彼女は座って彼らを観察することができた。日が経つにつれ，彼女は彼らに近づくことができた。彼女は彼らから多くのことを学んだ。

重要語句リスト

❶

emotion	名 感情
like	前 〜のような [に]
anger	名 怒り
tool	名 道具
human	名 人間

❷

try to V	熟 Vしようと努める
question	名 疑問，質問
talk with 〜	熟 〜と話をする，〜と語り合う
decide to V	熟 Vする決心をする
study	動 〜を研究する，〜を勉強する
chimpanzee	名 チンパンジー
a kind of 〜	熟 一種の〜
monkey	名 猿
nearest to 〜	熟 〜に最も近い
change	動 〜を変える
idea	名 考え，思想

❸

make friends with 〜	熟 〜と仲良くなる
soon	副 すぐに，まもなく
find	動 〜を見つける
hill	名 丘，山
each day	熟 日が経つにつれ，毎日
move	動 動く，移動する
close to 〜	熟 〜の近くに
learn A from B	熟 BからAを学ぶ

❹ She found [chimpanzees had their own characters and emotions]. "They
   S   V   O-S'   V'   O'   O-S'
show emotions (like us), and chimpanzees are more like humans," she wrote.
V'   O'   S'   V'   S   V
She found [that they had strong love <among wonderful family members> <like   15
 S   V   S'   V'   O'
grandparents, parents, brothers, and sisters>>]. They kissed and held each
                                                                      S   V   O
other.

❺ She (also) found [they used tools]. The chimpanzees would take long
   S   V   O-S'   V'   O'   S   V①   O①
pieces of grass and put them (into white ant houses). (Then) the chimpanzees
                            V②   O②   S
would catch the white ants <on the grass>.   20
V   O
                              5
❻ (Now), we know [what she studied (in Africa)]. She has showed us [what
          S   V   O-O'   S'   V'   S   V   O(A) O(B)-O'
she has found out (about chimpanzees) (in order to change people's ideas
 S'   V'
<about them>)].

❹ 彼女はチンパンジーたちが性格と感情を持っ
ている
ことを発見した。「彼らは私たちのように
感情を表し，チンパンジーは人間により似てい
る」と彼女は書いた。祖父母，親，兄弟，姉妹の
ような彼らのすばらしい家族間の強い愛情を彼女
は発見した。彼らはお互いにキスをしたり抱き合
ったりした。

❺ 彼女はまた，彼らが道具を使うことも発見し
た。チンパンジーたちは長い草を何本か持ってい
き，それをシロアリの巣の中に入れた。それから
チンパンジーたちは，草についたシロアリをつか
まえるのだった。

❻ 現在，私たちは彼女がアフリカで研究したこ
とを知っている。彼女は彼らについての人々の考
えを変えるために，チンパンジーについて発見し
たことを私たちに示したのだ。

Lesson 02

❹

☐ character	㊏ 性格
☐ strong	㊙ 強い
☐ among	㊞ ～の間に［の］
☐ wonderful	㊙ すばらしい
☐ family	㊏ 家族
☐ member	㊏ メンバー，構成員
☐ grandparent	㊏ 祖父［母］
☐ parent	㊏ 親
☐ kiss	㊌ ～にキスをする
☐ hold	㊌ ～を抱きかかえる
☐ each other	㊓ お互い

❺

☐ a piece of ～	㊟ 1 片［本］の～
☐ grass	㊏ 草
☐ put A into B	㊟ A を B の中に入れる
☐ white ant	㊏ シロアリ

❻

☐ show A B	㊟ A に B を示す
☐ find out ～	㊟ ～を発見する
☐ in order to V	㊟ V するために

Lesson 03
問題文

単語数 ▶ 269 words
制限時間 ▶ 20 分
目標得点 ▶ 40 ／50点
DATE

■次の英文を読み，あとの設問に答えなさい。

On the earth there are many different countries, cultures and people. But people all over the world have (A)the same hopes. We all want to be happy. We all need love and peace. We should do our (1) to understand each other.

One way to understand people better is to travel. When you travel, always try to learn new things and keep your (2) open. Do new things and meet new people.

When you are traveling in other countries, try to have dinner with people there. By eating and (3) with people of other countries, you can learn many things about their manners and cultures.

In some countries, for example, people usually don't hold a rice bowl or anything like that in their hands when they are eating. To hold a rice bowl is not good manners in these countries. But in Japan it is good manners.

At first, your new friends may be surprised at some of your manners. But, don't worry about it. That's natural because (B)(　　　　　　). The same thing may happen when you have guests from other countries. This is a good chance to introduce your manners and culture. Try to exchange ideas with the people you meet. (C)Exchanging ideas can help you to understand each other. You can get new information and learn different ways of thinking by doing that.

30

It is very important to try to talk with other people.　If you are (D)such a person, you will learn that there are many different ideas in the world. You'll also learn that people have their own ways of doing things.

（1）　（　1　）〜（　3　）に当てはまるものを，次の選択肢の中から1つずつ
　　　選びなさい。

1 better　　　**2** letter　　　**3** talking

4 best　　　　**5** heart　　　　**6** standing

（2）　下線部(A)の具体的な内容を，次の選択肢の中から1つ選びなさい。

1 地球上には，多様な国，文化，人種が存在するということ。

2 私たちは皆，幸福を願い，愛と平和を求めているということ。

3 私たちは皆，幸福を求めているということ。

4 私たちが，お互いを理解するよう，最善を尽くすということ。

（3）　下線部(B)に当てはまるものを，次の選択肢の中から1つ選びなさい。

1 they like your manners

2 they don't know your manners

3 they need your manners

4 they don't worry about your manners

（4）　下線部(C)の理由として最も適切なものを，次の選択肢の中から1つ選び
　　　なさい。

1 出会った国民と考えを交換しようとするから。

2 新しい情報を得ることができるから。

3 作法や文化を紹介する良い機会だから。

4 新しい情報を得たり，異なったものの考え方を学んだりできるから。

（5） 下線部(D)の説明として最も適切なものを，次の選択肢の中から１つ選び
なさい。

1 a person who learns only his or her own culture

2 a person who eats good food in other countries

3 a person who tries to talk with other people

4 a person who likes to travel around the world

（6） 本文の内容と一致するものを，次の選択肢の中から１つ選びなさい。

1 To talk with people and exchange ideas is a good way to understand different cultures.

2 The best way to understand people better is to read a lot of new books about them.

3 Having dinner with foreign people is not a good chance to learn about their cultures.

4 In Japan it is not good manners to hold a rice bowl in your hand when you are eating.

解　答　用　紙			
(1)	(1)	(2)	(3)
(2)		**(3)**	
(4)		**(5)**	
(6)			

解答・解説

（1）

（１） 重要表現 do one's best（to V）（[V するよう] 最善を尽くす）を問う問題です。

（２） 重要表現 keep O C（O を C の状態に保つ）の O を問う問題です。人々をより良く理解する方法について述べているので，文脈から「旅行をするときは，いつでも新しいことを学び，自分の（２）を開いておくようにしなさい」に入る最も適切な選択肢は heart（心）だと判断できます。

（３） 直前の and と直後の with がヒント。and は基本的に同じ形を並べるので，eating と同じ形の talking か standing のどちらかだと予想できます。また，talk with ～（～と話す）に気がつけば talking が入るとわかります。

（２） 下線部(A)を含む文は，「世界中の人々は同じ希望を抱いている」とありますが，同じ希望の具体的内容は，下線部(A)の直後の文から書かれています。第１段落第３～４文から，**2** が正解だとわかります。

（３） **1** 彼らはあなたの（国の）作法が好き
② 彼らはあなたの（国の）作法を知らない
3 彼らはあなたの（国の）作法を必要としている
4 彼らはあなたの（国の）作法に関して心配をしていない
▶直前の文「新しい友人たちがあなたの作法のいくつかに驚くかもしれない。しかし，心配はいらない」の理由を選ぶ問題です。下線部の少し後に「国の作法や文化を紹介する良い機会である」とあることから，**2** が入ると判断できます。

（４） 下線部(C)の直後の文に「そうすることによって，あなたは新しい情報を手に入れ，違った考え方を学ぶことができる」とあることから，下線部(C)の理由は，**4** だと判断できます。

（5）　**1**　自分自身の国の文化だけを学ぶ人

　　　2　他の国々のおいしい食べ物を食べる人

　　　③　他の人たちと話そうと努力する人

　　　4　世界中を旅行するのが好きな人

　　　▶ such a person（**そのような人**）とはどのような人を指すのかは，下線部(D)の直前の文に示されていると考えられます。直前の文に「他の人々と語り合おうとすることは，非常に大切である」とあるので，**3** が正解だとわかります。

（6）　**①**　人々と話をし，考えを交換することは，異文化を理解する良い方法だ。

　　　→第6段落全体（結論）に一致します。

　　　2　人々をより良く理解する最善の方法は，それらに関する新しい本をたくさん読むことだ。

　　　→本文にこのような記述はありません。

　　　3　外国の人々と食事をすることは，彼らの文化を学ぶ良い機会ではない。

　　　→第3段落全体の内容から，食事は異文化を学ぶ**良い機会**だとわかります。

　　　4　日本では，食事をするとき，手に茶わんを持つのは良い作法ではない。

　　　→第4段落全体の内容から，日本では**良い作法**だとわかります。

正　解		
（**1**）(各4点)　（**1**）**4**　（**2**）**5**　（**3**）**3**		
（**2**）(7点) **2**	（**3**）(8点) **2**	
（**4**）(7点) **4**	（**5**）(8点) **3**	
（**6**）(8点) **1**		

得点	（1回目） ／50点	（2回目）	（3回目）	CHECK YOUR LEVEL	0〜30点 ➡ *Work harder!* 31〜40点 ➡ *OK!* 41〜50点 ➡ *Way to go!*

〔 〕=名詞　□=修飾される名詞　< >=形容詞・同格　( )=副詞
S=主語　V=動詞　O=目的語　C=補語　'=従節

❶ (On the earth) there are many different countries, cultures and people. But
　　　　　　　　　　　　　　V　　S
people <all over the world> have the same hopes. We (all) want [to be
S　　　　　　　　　　　　　　V　　O　　　　　　　S　　　V　　O
happy]. We (all) need love and peace. We should do our best (to understand
　　　　S　　　V　　O　　　　　　　S　　V　　O
each other).

❷ One way <to understand people (better)> is [to travel]. (When you travel),
　　S　　　　　　　　　　　　　　　　　　V　C　　　　　　　S'　　V'
(always) try [to learn new things and keep your heart open]. Do new things
　　　　V　　O　　　　　　　　　　　　　　　　　　　　　V①　O①
and meet new people.
　　V②　O②

❸ (When you are traveling (in other countries)), try [to have dinner (with
　　　　S'　　V'　　　　　　　　　　　　　　　　V　　O
people <there>]]. (By [eating and talking (with people <of other
S　　　　　　　　　　　　　　　　　　　　　　S
countries>)]]), you can learn many things <about their manners and cultures>.
　　　　　　　　S　　V　　O

構文解説
---

1 「There is 単数」「There are 複数」では，それぞれ「単数」「複数」が文の主語。よって，
この文の主語は many different countries, cultures and people である。

36

【和訳】

❶ 地球上には多くの異なる国や文化や民族が存在する。しかし世界中の人々は同じ希望を抱いている。私たちは皆，幸福でありたいと思う。私たちは皆，愛情と平和を必要とする。私たちは，お互いを理解するために最善を尽くすべきである。

❷ 人々をより良く理解する1つの方法は，旅行をすることである。旅行をするときは，いつでも新しいことを学び，自分の心を開いておくようにしなさい。新しいことを行い，新しい人々に会いなさい。

❸ 他の国を旅行しているときは，現地の人々と一緒に食事をするようにしなさい。他の国々の人々と一緒に食事をし，語り合うことによって，彼らの作法や文化について多くのことを学ぶことができる。

重要語句リスト

❶

☐ the earth	ⓑ	地球
☐ different	ⓑ	異なる，様々な
☐ culture	ⓑ	文化
☐ all over the world	ⓑ	世界中の［で］
☐ same	ⓑ	同じ
☐ need	ⓑ	～を必要とする
☐ peace	ⓑ	平和
☐ do one's best	ⓑ	最善を尽くす
☐ understand	ⓑ	～を理解する
☐ each other	ⓑ	お互い

❷

☐ way	ⓑ	方法
☐ travel	ⓑ	旅行する
☐ try to V	ⓑ	Vしようと努める
☐ keep O C	ⓑ	OをCのままにしておく

❸

☐ other	ⓑ	他の
☐ have dinner	ⓑ	食事をする
☐ by Ving	ⓑ	Vすることによって
☐ talk with ～	ⓑ	～と語り合う，～と話をする
☐ manners	ⓑ	作法，行儀

Lesson

03

❹ (In some countries), (for example), <u>people</u> (usually) <u>don't hold</u> <u>a rice bowl</u>
              S   V   O①
or <u>anything</u> <like that> (in their hands) (when <u>they</u> <u>are eating</u>). [To hold a
 O②   S' V'   S
<u>rice bowl</u>] <u>is not</u> <u>good manners</u> (in these countries). But (in Japan) <u>it</u> <u>is</u> <u>good</u>
     V   C   S V C
<u>manners</u>.

❺ (At first), <u>your new friends</u> <u>may be</u> <u>surprised</u> (at <u>some</u> <of your manners>). 15
        S   V**❷** C
But, <u>don't worry</u> (about it). <u>That's</u> <u>natural</u> (because <u>they</u> <u>don't know</u> <u>your</u>
   V   S V C   S'   V'   O'
<u>manners</u>). <u>The same thing</u> <u>may happen</u> (when <u>you</u> <u>have</u> <u>guests</u> <from other
      S   V   S' V' O'
<u>countries</u>>). <u>This</u> <u>is</u> <u>a good chance</u> <to introduce your manners and culture>.
      S V C
<u>Try</u> [to exchange ideas (with <u>the people</u> <u>   </u>**❸** <you meet>)]. [Exchanging ideas]
 V   O   S'' V''   S
<u>can help</u> <u>you</u> <u>to understand each other</u>. <u>You</u> <u>can get</u> <u>new information</u> and <u>learn</u> 20
 V O   C   S V① O①   V②
<u>different ways</u> <of thinking> (by [doing that]).
  O②

❻ <u>It</u> <u>is</u> very <u>important</u> [to try [to talk (with other people)]]. (If <u>you</u> <u>are</u> <u>such</u> **❹**
 S V   C   S' V' C'
<u>a person</u>), <u>you</u> <u>will learn</u> [that <u>there</u> <u>are</u> <u>many different ideas</u> (in the world)].
     S V   O   V' S'
<u>You'll</u> (also) <u>learn</u> [that <u>people</u> <u>have</u> <u>their own ways</u> <of [doing things]>].
 S   V   O S' V'   O'

---

❷ 「S₁ V₁ because S₂ V₂」は「S₂ が V₂ するので，S₁ は V₁ する」の意味。S₂ V₂ が原因［理由］
を表し，S₁ V₁ がその結果を表す。よって，ここには「（原因）彼らはあなたの国の作法を
知らない→（結果）それ［最初のうちは，新しい友人たちがあなたの作法のいくつかに驚く
かもしれないこと］は当然のことである」の因果関係がある。

❸ the people と you meet の間には，目的格の関係代名詞［that または which］が省略されて
いる。「名詞＋（代）名詞＋動詞」のような語順では，名詞と（代）名詞の間に目的格の関係
代名詞が省略されているのが基本。

❹ 時・条件を表す副詞節中の動詞は，未来の文でも現在形となる。副詞節の「if S V」は条件
を表すため，ここでは「If you **are** such a person, you **will learn** that .....」となっている。

❹ 例えば，ある国々の人々は，普通，食事をしているとき茶わんやそれに似たものは何も手に持たない。茶わんを持つことは，これらの国々では良い作法ではない。しかし日本では，それが良い作法である。

❺ 最初のうちは，新しい友人たちがあなたの作法のいくつかに驚くかもしれない。しかし，心配はいらない。彼らはあなたの国の作法を知らないのだから，それは当然のことである。同じことが，他の国から客を迎えたときに起こるかもしれない。これは，あなたの国の作法や文化を紹介する良い機会である。出会った人々と考えを交換するようにしなさい。考えを交換することは，あなた方がお互いを理解し合う手助けとなりうる。そうすることによって，あなたは新しい情報を手に入れ，違った考え方を学ぶことができる。

❻ 他の人々と語り合おうとすることは，非常に大切である。もしもあなたがそのような人であるなら，世界には多くの違った思想があることをあなたは学ぶだろう。あなたはまた，人々にはそれぞれのふるまい方があるということも学ぶだろう。

❹

☐ for example	熟 例えば
☐ usually	副 普通，普段
☐ hold	動 ～を持つ，～を抱える
☐ rice bowl	名 茶わん

❺

☐ at first	熟 最初は
☐ be surprised at ～	熟 ～に驚く
☐ worry about ～	熟 ～について心配する
☐ natural	形 当然の
☐ because S V	接 S が V するので
☐ happen	動 起こる
☐ guest	名 客
☐ chance	名 機会
☐ introduce	動 ～を紹介する
☐ exchange	動 ～を交換する
☐ idea	名 考え，思想
☐ help ～ to V	熟 ～が V する手助けをする
☐ information	名 情報
☐ way of thinking	熟 考え方

❻

☐ it is ... to V	熟 V することは…だ
	→形式主語構文
☐ important	形 大切な，重要な
☐ such	形 そのような
☐ person	名 人
☐ learn that S V	熟 S が V することを
	学ぶ［知る］
☐ own	形 自分自身の

Lesson 04
問題文
LEVEL-2

単 語 数 ▶ 312 words
制限時間 ▶ 20 分
目標得点 ▶ 40 ／50点

DATE

■次の英文を読み，あとの設問に答えなさい。

How high can human beings go up? Does it get colder and colder when we go up higher in the sky? How cold does it get? Some 200 years ago, scientists were very interested in these questions about the sky. They started going up to the sky in balloons in the 1780s. After that, many people tried to go higher and higher in balloons.

On April 15, 1875, a big balloon was sent up into the sky. There were three men in the balloon. They carried oxygen bottles with them. At 8,000 feet, they began to use their oxygen bottles. Their balloon continued going up higher. At 25,000 feet they were afraid they were going to die, because they couldn't get enough oxygen from the bottles. They had to stop going up and began to go back down.

In 1927, an American scientist noticed an interesting thing about temperature. He put on an oxygen mask, so he was able to go up much higher in his balloon. At 19,000 feet, the temperature was −18°C. His balloon went up higher and the temperature went down and down. At 31,000 feet, it was −35°C. But at 40,000 feet, it was a little warmer. The temperature rose to −33°C. This was important new knowledge about the sky. The balloon went up to 44,000 feet and then began to go slowly down toward the ground.

Five years later, a man made a new balloon. The balloon had a closed gondola. There were some pressure tanks in it. It rose to 54,000 feet, and he saw a deep and black world above him.　He was the first man to see outer space with his own eyes.

　　Today, scientists have developed new technology, and we know much more about the sky and outer space.　But we should not forget these small steps into the sky.

25

設問

（1） 次の表は，本文中の３つの冒険について，年代順にまとめたものの一部
である。表の中の **1** には適切な数字を，**2** には適切な英語を本文中から
抜き出して書きなさい。

	高く上がる ための工夫	上空で体験したことや気づいたこと	最終到達 高度
1875年	Oxygen bottles	They couldn't get enough oxygen from the bottles.	**1** feet
1927年	Oxygen mask	An American scientist noticed an interesting thing about temperature.	44,000 feet
1932年	Closed gondola	**2**	54,000 feet

（2） 1927 年に行われた冒険のときの高度と気温の関係を表しているグラフと
して，最も適切なものを，次の選択肢の中から１つ選びなさい。

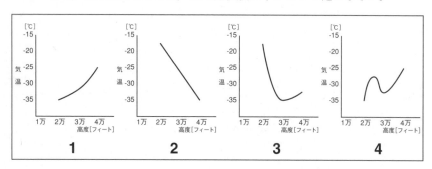

（ **3** ）　本文の内容と一致するものを，次の選択肢の中から1つ選びなさい。

1 Scientists learned how to rise higher and found some answers to their questions about the sky.

2 It was very dangerous to go up in balloons without masks and no one came back to the ground.

3 The history of balloons started in the 19th century, and scientists improved the balloons many times.

4 Science has made progress and astronauts are now able to walk in the sky with balloons and pressure tanks.

（ **4** ）　下線部を和訳しなさい。

解　答　用　紙		
（ **1** ）	**1**	
	2	
（ **2** ）		（ **3** ）
（ **4** ）		

解答・解説

（1）

1　1875年の冒険については，**第2段落**に示されています。第6～最終文に，「25,000フィートの高さで，ボンベから十分な酸素が得られなくなったため，彼らは死ぬのではないかと恐れた。彼らは上昇をやめなければならなくなり，下降し始めた」とあるので，高度25,000フィートに到達した後，下降し始めたことが読み取れます。

2　1932年の冒険については，**第4段落**に示されています。第4文を見ると，密閉された吊りかごに乗った人は，高度54,000フィートまで上昇したとき，頭上に暗黒の世界［宇宙］を発見したと書いてあります。したがって，その部分を本文から抜き出せば正解です。

（2）　1927年の冒険については，**第3段落**で示されています。手がかりは第4～7文。高度31,000フィートに達するまでは，高度の上昇と共に-35℃まで下がり続けた気温が，**高度40,000フィートで気温が少し上昇し，-33℃となった**とあるので，正解は気温のグラフが少し上がっている**3**だとわかります。

（3）**①** 科学者たちはより高く上昇する方法を学び，空に関する自分たちの疑問への答えをいくつか見つけた。

→約200年前から今日まで，何度か「冒険」が行われ，その度に上昇する高度が増していたことから「より高く上昇する方法を学んだ」と言えます。また，より高く上昇するにつれて**第1段落**で示されている疑問に対する答えを得ていたことから「疑問への答えをいくつか見つけた」とも判断できます。

2 マスクなしで気球で上昇するのは非常に危険であり，誰も地上へは戻ってこなかった。

→マスクなしでの上昇に関しては**第2段落**に示されています。最終文に，「彼らは上昇をやめなければならなくなり，下降し始めた」とあるので，3人は**地上へ戻った**と考えられます。

3 気球の歴史は 19 世紀に始まり，科学者たちは気球を何度も改良した。

→**第 1 段落**第 5 文「**1780 年代 [18 世紀]** に，気球に乗って空を上昇し始めた」という記述に矛盾します。

4 科学は進歩し，宇宙飛行士は今や気球と圧力タンクを使って空中を歩くことができる。

→本文に宇宙飛行士に関する記述はありません。

Lesson

04

(4)　　カンマの直後の **and** で 2 つの文が並べられていることに注意してください。1 つ目の文の主語は scientists，述語動詞は have developed。2 つ目の文の主語は we，述語動詞は know。比較級の強調 **much +** 比較級 （はるかに 比較級 ）に注意して訳しましょう。

正　解		
(1) (各10点) **1**　25,000		
2　he [He] saw a deep and black world above him.		
(2) (10点) **3**	**(3)** (10点) **1**	
(4) (10点) 今日，科学者たちは新しい技術を開発しており，私たちは空と宇宙についてはるかに多くのことを知っている。		

得点	(1回目) ／50点	(2回目)	(3回目)	CHECK YOUR LEVEL	0〜30点 ➡ *Work harder!* 31〜40点 ➡ *OK!* 41〜50点 ➡ *Way to go!*

[ ]＝名詞　▭＝修飾される名詞　＜　＞＝形容詞・同格　（　）＝副詞
S＝主語　V＝動詞　O＝目的語　C＝補語　＇＝従節

❶ How high can human beings go up?　Does it get colder and colder (when
　　C　　　　　　S　　　　　　V　　　　　S V　　C

we go up (higher) (in the sky))?　How cold does it get?　(Some 200 years ago),
S' V'　　　　　　　　　　　　　　　C　　　　S V

scientists were very interested (in [these questions] <about the sky>).　They
S　　　　V　　　　　C　　　　　　　　　　　　　　　　　　　　　　　S

started [going up (to the sky) (in balloons)] (in the 1780s).　(After that), many
V　　　O　　　　　　　　　　　　　　　　　　　　　　　　　　　　　　　S

people tried [to go (higher and higher) (in balloons)].
S　　　V　　O

❷ (On April 15), (1875), a big balloon was sent (up) (into the sky).　**1** There
　　　　　　　　　　　S　　　　　　V

were three men (in the balloon).　They carried oxygen bottles (with them).
V　　S　　　　　　　　　　　　　S　　V　　O

(At 8,000 feet), they began [to use their oxygen bottles].　Their balloon
　　　　　　　S　　V　　O　　　　　　　　　　　　　　　　　S

continued [going up (higher)].　(At 25,000 feet) **2** they were afraid [they were
V　　O　　　　　　　　　　　　　　　　　　　　　　　S　　V　　C　　S'　　V'

going to die], (because they couldn't get enough oxygen (from the bottles)).
　　　　　　　　　　　　S'　　V'　　　　　O'

They had to stop [going up] and began [to go (back) down].
S　　V①　　　O①　　　V②　　O②

5

10

―――――――――――― 構文解説 ――――――――――――

1 「There is [was] 単数」「There are [were] 複数」では，それぞれ「単数」「複数」が文の主
語。よって，この文の主語は three men である。

2 「they were afraid (that) S V」は「彼らは S が V するのを恐れた」の意味。afraid や happy
などのような感情を表す語の直後に「that S V」「to 動詞の原形」が続く場合は，その感情
に至った原因を表している。また，この文のように，that は省略されることがある。

【和訳】

❶ 人間はどのくらいの高さまで上昇できるのだろうか。空高く上昇すればするほど，だんだん寒くなるのだろうか。寒さはどのくらいになるのだろうか。約200年前，科学者たちは空に関するこれらの疑問に非常に興味を持った。彼らは1780年代に，気球に乗って空を上昇し始めた。その後，多くの人々が気球でますます高く上昇しようとした。

❷ 1875年4月15日に，大きな気球が空へ送られた。気球には3人の男が乗っていた。彼らは酸素ボンベを携帯していた。8,000フィートの高さで，彼らは酸素ボンベを使い始めた。彼らの気球は上昇し続けた。25,000フィートの高さで，ボンベから十分な酸素が得られなくなったため，彼らは死ぬのではないかと恐れた。彼らは上昇をやめなければならなくなり，下降し始めた。

重要語句リスト

❶

□ human being	图	人間
□ go up	熟	上昇する
□ get C	動	Cになる
□ sky	图	空
□ some	副	およそ
□ be interested in 〜	熟	〜に興味を持つ
□ start Ving	熟	Vし始める
□ balloon	图	気球，風船
□ try to V	熟	Vしようと努める

❷

□ send A into B	熟	Bの中へAを送り込む
□ carry	動	〜を持ち運ぶ
□ oxygen bottle	图	酸素ボンベ
□ feet	图	フィート
		→1フィート＝約30cm
□ begin to V	熟	Vし始める
□ continue Ving	熟	Vし続ける
□ be afraid (that) S V	熟	SがVするのではないかと恐れる
□ be going to V	熟	Vするだろう
□ die	動	死ぬ
□ enough	形	十分な
□ have to V	熟	Vしなければならない
□ stop Ving	熟	Vするのをやめる
□ go down	熟	下降する

❸ (In 1927), an American scientist noticed an interesting thing <about
temperature>. He put on an oxygen mask, so he was able to go up (much
higher) (in his balloon). (At 19,000 feet), the temperature was −18°C. His
balloon went up (higher) and the temperature went down and down. (At
31,000 feet), it was −35°C. But (at 40,000 feet), it was (a little) warmer. The
temperature rose (to −33°C). This was important new knowledge <about the
sky>. The balloon went up (to 44,000 feet) and then began [to go (slowly)
down (toward the ground)].

❹ (Five years later), a man made a new balloon. The balloon had a closed
gondola. There were some pressure tanks (in it). It rose (to 54,000 feet), and
he saw a deep and black world (above him). He was the first man <to see
outer space (with his own eyes)>.

❺ (Today), scientists have developed new technology, and we know (much)
 more <about the sky and outer space>. But we should not forget these
small steps <into the sky>.

- -

3 「S₁ V₁, so S₂ V₂」は「S₁ は V₁ するので, S₂ は V₂ する」の意味。S₁ V₁ が原因［理由］を
表し, S₂ V₂ がその結果を表す。よって, ここには「(原因) 彼は酸素マスクをつけた→ (結
果) 気球でずっと高くまで上昇することができた」の因果関係がある。

4 A and B は A と B が「語と語」「句と句」「節と節」「文と文」のように同じ形を並べる。こ
こでは,「A = went up ..... feet」「B = began ..... the ground」を並べている。B の直前の
then のように, 副詞の働きをする語句が and の直後に挿入されることがあるので注意。

5 「much + 比較級」は「はるかに比較級」を意味する, 比較級を強調する表現。

❸ 1927 年に，あるアメリカの科学者が，気温に関する興味深いことに気づいた。彼は酸素マスクをつけたので，気球でずっと高くまで上昇することができた。19,000 フィートの高さで，気温は -18 度だった。彼の気球はさらに上昇し，気温はますます下がった。31,000 フィートでは -35 度だった。しかし 40,000 フィートで，少し暖かくなった。気温は -33 度まで上昇した。これは，空に関する重要な新知識だった。気球は 44,000 フィートまで上昇し，それからゆっくりと地面に向かって下降し始めた。

❹ 5 年後，ある人が新しい気球を作った。その気球には，密閉された吊りかごがついていた。その中には，いくつかの圧力タンクがあった。それは 54,000 フィートまで上昇し，彼の頭上には暗黒の世界が見えた。彼は，宇宙を自分の目で見た初めての人だった。

❺ 今日，科学者たちは新しい技術を開発しており，私たちは空と宇宙についてはるかに多くのことを知っている。しかし私たちは，空へのこうした小さな歩みを忘れるべきではない。

Lesson 04

❸
- notice 動 〜に気づく
- temperature 名 気温，温度
- put on 〜 熟 〜を身につける
- oxygen mask 名 酸素マスク
- be able to V 熟 V することができる
- warm 形 暖かい
- rise 動 上がる
- important 形 重要な，大切な
- knowledge 名 知識
- slowly 副 ゆっくり
- toward 前 〜に向かって
- ground 名 地面

❹
- ~ later 副 〜後に
- closed 形 閉じている
- gondola 名 吊りかご，ゴンドラ
- pressure tank 名 圧力タンク
- deep 形 深い
- above 前 〜の上方に
- outer space 名 宇宙，大気圏外
- with one's own eyes 熟 自分の目で

❺
- develop 動 〜を開発する
- technology 名 科学技術
- forget 動 〜を忘れる
- step 名 歩み，段階

Please teach me, teacher!

Q 「単語」や「熟語」を覚えても長文が読めません。
どうしてでしょうか。

A 単語集や熟語集を使って単語・熟語を覚えることは記憶のメンテには役立ちます。しかし，覚えた単語・熟語はバラバラな知識に過ぎません。長文が読めるようになるためには，「長文を読む」という訓練はかかせません。

　スポーツに例えてみましょう。バッティングやピッチングの練習をたくさんやり，それらの技術がたいへん上手になったとしても，それだけでは試合に勝つことはできません。試合に勝つためには，試合にたくさん出て場数を踏み，経験値を増やすということが非常に重要になってくるのです。

　確かに，単語や熟語をたくさん知っているということは重要なことです。しかし，長文読解は単語・熟語をはじめ，文法や構文など，すべての力を合わせた「総合芸」のようなものなので，たとえ単語・熟語を知っていたとしても，長文自体を読む訓練をしていなければ，文の中でそれらをすばやく見抜くことはできません。

　皆さんには是非，この問題集の英文を何度も繰り返し読み，耳から英文を聞いたり，音読したりすることによって，瞬間的に単語・熟語の意味を把握する訓練をし，文の中でそれらを見抜ける本物の単語力・熟語力へと変えていってもらいたいと思っています。

　単語集でも例文をうまく使って学べば長文の勉強になるように，この問題集も丁寧に勉強をすれば，単語や熟語をたくさん習得することができるわけです。英語の技能は互いにつながっているということを意識して学ぶことが大切です。また，単語集を学習する場合にも，例文を聞いたり，音読したりすることを重視しましょう。

LV2
STAGE-2

Lesson 05
問題文

LEVEL-2

単 語 数 ▶ 313 words
制限時間 ▶ 20 分
目標得点 ▶ 40 ／50点

DATE

■次の英文を読み，あとの設問に答えなさい。

We often watch TV programs about history. We have discovered a lot of old things under the ground. These things tell us interesting stories.

Can you believe that there were no big wars in the Jomon Period? Many people who study Japanese history think so. How do they know that?
(A)

There were two kinds of stone arrowheads* in the Jomon Period and the Yayoi Period. One was small and the other was large. The small arrowheads were usually used to catch animals. The large arrowheads were usually used to attack people. Many arrowheads in the Jomon Period were small. But Yayoi people started to use many large arrowheads. We have discovered human bones with those large arrowheads. These show that there were many wars in the Yayoi Period. They made deep ditches* around their villages to keep the enemy away. This also shows that there were many big wars in the Yayoi Period.

Why did Yayoi people start to attack other villages? At the end of the Jomon Period, people began to grow rice. In the Yayoi Period they got more rice. They were able to keep the rice in their villages. Soon some villages started to attack other villages to get it. Some of the wars
(B)
began like this in the Yayoi Period. From this story we learn that the history of wars is not as long as the history of humans.

Now we live in the 21st century. We often think that new things are better than old things. We may think that we live in the best and richest time. Some people even say that we have nothing to learn from the old days. But when we learn history, we often discover something which we did not know. This story of the Jomon Period and the Yayoi Period shows that there are many things we should learn from our history.

* arrowhead（矢じり）　　ditch（堀）

設問

（1）　下線部(A)の内容を，具体的に日本語で説明しなさい。

（2）　次の英文は，図の **A** または **B** の矢じりについて説明したものである。そ
　　　れぞれの英文が説明している矢じりの記号を書きなさい。

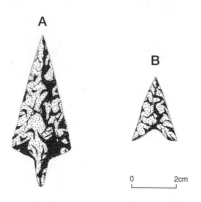

A

B

0　　　　　2cm

1　People usually used this arrowhead to get animals.

2　This arrowhead was usually used in the war.

3　Many arrowheads of this kind were used in the Jomon Period.

（3）　下線部(B)が指している最も適切な英語1語を，本文中から抜き出して書
　　　きなさい。

（4）　本文の内容と一致するものを，次の選択肢の中から 2 つ選びなさい。

1 People started to use arrowheads to grow rice in the Jomon Period.

2 When Yayoi people got more rice, they gave it to other villages.

3 The history of wars is shorter than the history of humans.

4 It is important to know that history tells us many things to learn.

5 People enjoyed living in peace for a long time in the Yayoi Period.

Lesson
05

解　答　用　紙			
（1）			
（2）	1	2	3
（3）		（4）	

55

解答・解説

（1）　　that は直前の文の so を指し，so はさらにその直前の文の「there were no big wars in the Jomon Period」を指していると考えられるので，この部分を説明すれば良いということになります。

（2）　　矢じりの種類とその使われ方は**第3段落**に示されています。

1　人々は動物をつかまえるために，普通，この矢じりを使った。

　▶第3文から，B の**小さな矢じり**が動物を捕らえるために使われたことがわかります。

2　この矢じりは，普通，戦争で使われた。

　▶第6～8文から，A の**大きな矢じり**が戦争に使われたことがわかります。

3　この種の多くの矢じりは，縄文時代に使われた。

　▶第5文から，縄文時代には B の**小さな矢じり**が多く使われていたことがわかります。

（3）　　弥生時代には**多くの米**が収穫されるようになり，自分たちの村に蓄えておくことができるようになったという状況の中で，**第4段落**第5文「それを手に入れるために，いくつかの村が他の村を攻撃し始めた」という文脈から，**それ**とは rice のことだとわかります。

(4) 1 人々は縄文時代に米を栽培するために矢じりを使い始めた。

→**第3段落**第1～4文から，矢じりは縄文時代と弥生時代に2種類あり，**動物を捕ったり，人々を攻撃したりするために**使われたことがわかりますが，縄文時代に米を栽培するために使い始めたという記述はありません。

2 弥生時代の人々はよりたくさんの米を収穫したとき，それらを他の村々へ与えた。

→本文にこのような記述はありません。

(3) 戦争の歴史は人間の歴史よりも短い。

→**第4段落**最終文「この話から，戦争の歴史は人間の歴史ほど長くはないことがわかる」に一致します。

(4) 歴史が私たちに多くの学ぶべきことを教えてくれるということを知ることは大切だ。

→**第5段落**第5～最終文「歴史を学ぶとき，自分が知らなかった何かをしばしば発見する。縄文時代と弥生時代のこの話は，私たちが歴史から学ぶべきことがたくさんあるということを示している」という内容から読み取ることができます。

5 人々は弥生時代，長い間平和に暮らして楽しんだ。

→**第3段落**第8文「これらは，弥生時代に多くの戦争があったことを示している」という記述に矛盾します。

正　解		
(1) (10点) 縄文時代には大きな戦争がなかったということ。		
(2) (各5点) **1** B	**2** A	**3** B
(3) (9点) rice	**(4)** (各8点) **3, 4**	

得点	(1回目) /50点	(2回目)	(3回目)	CHECK YOUR LEVEL	0～30点 ➡ *Work harder!* 31～40点 ➡ *OK!* 41～50点 ➡ *Way to go!*

構造確認

❶ We (often) watch TV programs <about history>. We have discovered a lot of old things (under the ground). These things tell us interesting stories.

❷ Can you believe [that there were no big wars (in the Jomon Period)]? Many people <who study Japanese history> think so. How do they know that?

❸ There were two kinds of stone arrowheads (in the Jomon Period and the Yayoi Period). One was small and the other was large. The small arrowheads were (usually) used (to catch animals). The large arrowheads were (usually) used (to attack people). Many arrowheads <in the Jomon Period> were small. But Yayoi people started [to use many large arrowheads]. We have discovered human bones (with those large arrowheads). These show [that there were many wars (in the Yayoi Period)]. They made deep ditches (around their villages) (to keep the enemy away). This (also) shows [that there were many big wars (in the Yayoi Period)].

構文解説

■ 「人＋ who ……」は「～する人」のように，人を表す名詞に説明を加える関係代名詞。ここでは，who から history までが先行詞 Many people の説明になっている。

新刊

英文法レベル別問題集 3訂版

＼スモールステップで文法力を強化！／

東進ブックス

英文法
レベル別問題集
3訂版
1 超基礎編

▶中学レベルの文法を総復習

安河内哲也

東進ブックス

英文法
レベル別問題集
3訂版
2 初級編

▶高校初級レベルの文法力完成

安河内哲也

東進ブックス

英文法
レベル別問題集
3訂版
3 標準編

▶入試標準レベルの文法力修得

安河内哲也

東進ブックス

英文法
レベル別問題集
3訂版
4 中級編

▶中堅私大合格レベルの文法力

安河内哲也

東進ブックス

英文法
レベル別問題集
3訂版
5 上級編

▶有名私大合格レベルの文法力

安河内哲也

東進ブックス

英文法
レベル別問題集
3訂版
6 最上級編

▶難関大合格レベルの文法力

安河内哲也

特別付録

復習までこれ1冊で！

復習用動画付き

▶本書の全Lessonの問題文（英文）と和訳を，字幕付きで視聴できる動画です。本書の問題演習を終えたら，この動画を使って復習しましょう。動画の音声を繰り返し聴いたり，音声に合わせて音読したりすることで，リスニング力が高まります!!

Lesson 01   英文法レベル別問題集③ 超基礎編【3訂版】

Q1
She gets up at six every morning.
彼女は毎朝6時に起きる。

▲実際の画面

【著】安河内哲也
【定価】①～④：900円＋税／⑤～⑥：1,000円＋税
【体裁】A5判／160～216頁／3色刷

「① 超基礎編」
Lesson01の動画は
こちらから試聴できます！

【和訳】

❶ 私たちは，歴史に関するテレビ番組をしばしば見る。私たちは地面の下から多くの古いものを発見している。これらのものは，私たちに面白い話を伝えてくれる。

❷ 縄文時代には大きな戦争がなかったということを信じられるだろうか。日本史を研究する多くの人々は，そう考えている。彼らはどのようにしてそれを知ったのだろう。

❸ 縄文時代と弥生時代には，2種類の石の矢じりがあった。一方は小さく，もう一方は大きかった。小さな矢じりは，普通，動物を捕らえるために使われた。大きな矢じりは，普通，人々を攻撃するために使われた。縄文時代の多くの矢じりは，小さいものだった。しかし弥生時代の人々は，多くの大きな矢じりを使い始めた。それらの大きな矢じりと共に人間の骨が発見されている。これらは，弥生時代に多くの戦争があったことを示している。人々は，敵を近づけないために，自分たちの村のまわりに深い堀を作った。このことも，弥生時代に多くの大きな戦争があったことを示している。

重要語句リスト

❶

□ program	名	番組
□ history	名	歴史
□ discover	動	～を発見する
□ ground	名	地面
□ tell A B	熟	AにBを話す

❷

□ believe that S V	熟	SがVすると信じる
□ war	名	戦争
□ Jomon Period	名	縄文時代
□ study	動	～を研究する，～を勉強する
□ think so	熟	そう思う
□ how	副	どのようにして

❸

□ kind	名	種類
□ stone	形	石の
□ arrowhead	名	矢じり
□ Yayoi Period	名	弥生時代
□ the other	代	(2つのうちの)もう一方
□ usually	副	普通，普段
□ be used to V	熟	Vするために使われる
□ catch	動	～を捕らえる，～をつかまえる
□ attack	動	～を攻撃する
□ start to V	熟	Vし始める
□ human	形	人間の
□ bone	名	骨
□ show that S V	熟	SがVすることを示す
□ deep	形	深い
□ ditch	名	堀，みぞ
□ village	名	村
□ enemy	名	敵
□ keep ～ away	熟	～を近づけないようにする

Lesson
05

❹ Why <u>did</u> <u>Yayoi people</u> <u>start</u> [to attack other villages]? (At the end of the
　　　　S　　　　　　　V　　O
Jomon Period), <u>people</u> <u>began</u> [to grow rice]. (In the Yayoi Period) <u>they</u> <u>got</u>
　　　　　　　　　S　　　V　　　O　　　　　　　　　　　　　S　　V
<u>more rice.</u> <u>They</u> <u>were able to keep</u> <u>the rice</u> (in their villages). (Soon) <u>some</u>
　　O　　　　S　　　　V　　　　　　O　　　　　　　　　　　　　　　　S
<u>villages</u> <u>started</u> [to attack other villages (to get it)]. <u>Some</u> <of the wars>
　　　　　　V　　　O　　　　　　　　　　　　　　　　　　　S
<u>began</u> (like this) (in the Yayoi Period). (From this story) <u>we</u> <u>learn</u> [that <u>the</u>
V　　　　　　　　　　　　　　　　　　　　　　　　　　　S　　V　　O　　　S'
<u>history</u> <of wars> <u>is not as long as</u> <u>the history</u> <of humans>].
　　　　　　　　　V'　　　　　　C'

❺ (Now) <u>we</u> <u>live</u> (in the 21st century). <u>We</u> (often) <u>think</u> [that <u>new things</u> <u>are</u>
　　　　S　　V　　　　　　　　　　　　　　S　　　　　V　　O　　S'　　　　V'
<u>better than old things</u>]. <u>We</u> <u>may think</u> [that <u>we</u> <u>live</u> (in the best and richest
　　C'　　　　　　　　　S　　V　　　　　O　　S'　　V'
<u>time</u>)]. <u>Some people</u> (even) <u>say</u> [that <u>we</u> <u>have</u> <u>nothing</u> <to learn (from the
　　　　　S　　　　　　　　V　　O　　S'　　V'　　O'
<u>old days</u>)>. But (when <u>we</u> <u>learn</u> <u>history</u>), <u>we</u> (often) <u>discover</u> <u>something</u>
　　　　　　　　　　　　S'　　V'　　O'　　　　S　　　　　V　　　　O
<which <u>we</u> <u>did not know</u>>. <u>This story</u> <of the Jomon Period and the Yayoi
　　　　S'　　V'　　　　　　　　　S
Period> <u>shows</u> [that <u>there</u> <u>are</u> <u>many things</u> <<u>we</u> <u>should learn</u> (from our
　　　　V　　　O　　　V'　　S'　　　　　　　　　S''　V''
<u>history</u>)>].

---

❷「人以外＋ which .....」は「～する人以外」のように，人以外を表す名詞に説明を加える関係
代名詞。ここでは，which から know までが先行詞 something の説明になっている。

60

❹ 弥生時代の人々は，なぜ他の村を攻撃し始めたのだろうか。縄文時代の末に，人々は米を栽培し始めた。弥生時代には，彼らはさらに多くの米を収穫した。彼らは，自分たちの村に米を蓄えておくことができた。やがて，それを手に入れるために，いくつかの村が他の村を攻撃し始めた。戦争の中には，弥生時代にこのようにして始まったものもある。この話から，戦争の歴史は人間の歴史ほど長くはないことがわかる。

❺ 現在，私たちは 21 世紀を生きている。私たちはしばしば，新しいものの方が古いものよりもすぐれていると考える。自分たちは最もすぐれた豊かな時代に暮らしている，と私たちは思うかもしれない。昔の時代から学ぶべきものは何もないと言う人々さえいる。しかし，私たちが歴史を学ぶとき，自分が知らなかった何かをしばしば発見する。縄文時代と弥生時代のこの話は，私たちが歴史から学ぶべきことがたくさんあるということを示している。

Lesson 05

❹

☐ other	形	他の
☐ at the end of ~	熟	~の終わりに
☐ grow	動	~を栽培する，~を育てる
☐ rice	名	米
☐ be able to V	熟	V することができる
☐ keep	動	~を蓄えておく，~を保つ
☐ soon	副	すぐに，まもなく
☐ like this	熟	このように（して）
☐ learn that S V	熟	S が V することを学ぶ［知る］
☐ not as ... as ~	熟	~ほど…ない
☐ human	名	人間

❺

☐ century	名	世紀
☐ rich	形	豊かな，金持ちの
☐ even	副	..... さえ
☐ old days	熟	昔

END　61

Lesson 06
問題文

LEVEL-2

単 語 数 ▶ 317 words
制限時間 ▶ 20 分
目標得点 ▶ 40 / 50点

DATE

■次の英文を読み，あとの設問に答えなさい。

Benjamin Franklin was one of the most famous men in America. He did an important job for the independence of America. He also made many things. He always thought of ways to make people's lives better. Everyone called him Ben. He was loved all over the city of Philadelphia. Here are three things that Ben did for the people.

There were no firefighters in the city of Philadelphia at that time. Sometimes many houses burned down. Ben said, "We should do something. It is important for the people to work together." He wrote about it in the newspaper. Soon, a lot of people became firefighters. Thanks to the firefighters, the city did not lose so many houses.

Letters were not sent very often at that time. There were some reasons. There were not enough mail carriers. They traveled for a long time from one place to another. Ben (mail carriers / to be / more men / asked). Then, he showed them the best roads for traveling. People could get letters much faster. More and more people began to use the mail. Letters and newspapers were sent more often.

Most of the houses in the city were very cold in winter at that time. There was a fireplace in each house, but the fireplace could not keep the house warm. The only warm place in the house was just in front of the fireplace. Because most of the hot air from the fireplace went up the chimney. The smoke from the fireplace often came into the whole room.

It was dangerous, too. Because sometimes sparks burned the clothes.

Ben made a better fireplace. All the smoke from the new fireplace went up the chimney. All the hot air went into the room. And it had a door to keep sparks in it. A lot of people called it the Franklin stove. Soon people all over America were using Franklin stoves.

Lesson
06

（1） フィラデルフィアの火災を減らすために，フランクリンがしたことは何か。最も適切なものを，次の選択肢の中から1つ選びなさい。

1 消防士がいないという問題について新聞に書いた。

2 消防士がより速く通るための道を探し，それを新聞に書いた。

3 家を建てるとき，密集しないように建てるべきだと提案した。

4 火事による延焼を防ぐために，道幅を広げるよう提案した。

（2） 次の文の意味になるように下線部を，並べ替えなさい。

「ベンは，もっと多くの人々に郵便配達人になるよう頼んだ」

（3） 波線部を和訳しなさい。

（4） 本文の内容と一致するものを，次の選択肢の中から1つ選びなさい。

1 Few people in America knew the name of Benjamin Franklin.

2 A lot of people became firefighters, but many houses still burned down.

3 Thanks to Benjamin Franklin, letters and newspapers were sent much faster.

4 Franklin stoves became so popular that they were used in many countries.

解 答 用 紙		
（1）		
（2）		
（3）		
（4）		

解答・解説

(1) 　フィラデルフィアの火災と，それに対してフランクリンがしたことについては**第 2 段落**に書かれています。**第 2 段落**第 5 文に「彼はそれについて新聞に書いた」とあります。「それ」は直前第 3 文，第 4 文の「私たちは何かをするべきだ。人々が協力することが大切だ」というフランクリンの発言を指していると考えられます。この発言はフィラデルフィアに消防士がおらず，時々家が全焼していた問題に対するものなので，これらをうまく言い換えた **1** が正解です。

(2) 　重要表現 ask 人 to V（人に V するように頼む）を問う問題です。文の主語が Ben，述語動詞が asked であることに注目し，文意を考えながら並べ替えましょう。

(3) 　be + Vpp（V される）という受動態と，同格 of の用法を持つ A of B（B という A）に注意して訳しましょう。

(4)　**1** アメリカにはベンジャミン・フランクリンの名前を知っている者はほとんどいなかった。
→**第 1 段落**第 1 文「ベンジャミン・フランクリンは，アメリカで最も有名な人物の 1 人であった」という記述に矛盾します。

2 多くの人々が消防士になったが，それでもまだ多くの家が全焼した。
→**第 2 段落**最終文「消防士たちのおかげで，その市ではそれほど多くの家が焼失することはなくなった」という記述に矛盾します。

③ ベンジャミン・フランクリンのおかげで，手紙と新聞がはるかに速く配達された。
→**第 3 段落**第 7 文，最終文から正解であると判断できます。

4 フランクリン・ストーブは非常に人気になったので，多くの国々で使われた。
→**第 5 段落**最終文に，「**アメリカ中の人々が，フランクリン・ストーブを使っていた**」とありますが，「**多くの国々で使われた**」という記述はありません。

06

正　解		
（1）(10点)	**1**	
（2）(15点)	(Ben) asked more men to be mail carriers(.)	
（3）(15点)	彼はフィラデルフィア市の全域で愛された。	
（4）(10点)	**3**	

得点	（1回目）／50点	（2回目）	（3回目）	CHECK YOUR LEVEL	0〜30点 ➡ *Work harder!* 31〜40点 ➡ *OK!* 41〜50点 ➡ *Way to go!*

Lesson 06
構造確認

[ ]＝名詞　　□＝修飾される名詞　　＜　＞＝形容詞・同格　（　）＝副詞
S＝主語　V＝動詞　O＝目的語　C＝補語　'＝従節

❶ Benjamin Franklin was one of the most famous men ＜in America＞. He
did an important job (for the independence ＜of America＞). He (also) made
many things. He (always) thought of ways ＜to make people's lives better＞.
Everyone called him Ben. He was loved (all over the city ＜of Philadelphia＞).
Here are three things ＜that Ben did (for the people)＞.

❷ There were no firefighters (in the city ＜of Philadelphia＞) (at that time).
(Sometimes) many houses burned down. Ben said, "We should do something.
It is important (for the people) [to work (together)]." He wrote (about it) (in
the newspaper). (Soon), a lot of people became firefighters. (Thanks to the
firefighters), the city did not lose so many houses.

❸ Letters were not sent (very often) (at that time). There were some reasons.
There were not enough mail carriers. They traveled (for a long time) (from
one place to another). Ben asked more men to be mail carriers. (Then), he
showed them the best roads ＜for traveling＞. People could get letters (much
faster). More and more people began [to use the mail]. Letters and
newspapers were sent (more often).

構文解説

1 「one of the 最上級 複数名詞」は「最も ... な～の１つ［１人］」の意味を表す重要表現。

2 「Here is 単数」「Here are 複数」では，それぞれ「単数」「複数」が文の主語。よって，この文の主語は three things である。

3 that は関係代名詞で，文末まで先行詞 three things に説明を加えている。

4 " "は「 」の働き。ここでは，"We should do ..... together." までが Ben said の目的語，つまりベンの発言の内容となっている。

【和訳】

❶ ベンジャミン・フランクリンは，アメリカで最も有名な人物の１人であった。彼は，アメリカの独立のために重要な仕事をした。彼はまた，多くのものを作った。彼はいつも，人々の生活をより良くする方法を考えていた。皆が彼をベンと呼んだ。彼はフィラデルフィア市の全域で愛された。ここに，ベンが人々のために行った３つのことがある。

❷ 当時，フィラデルフィア市には消防士がいなかった。時々多くの家が全焼した。ベンは，「私たちは何かをするべきだ。人々が協力することが大切だ」と言った。彼はそれについて新聞に書いた。すぐに，多くの人々が消防士になった。消防士たちのおかげで，その市ではそれほど多くの家が焼失することはなくなった。

❸ 当時，手紙はあまり頻繁には送られなかった。それにはいくつかの理由があった。郵便配達人が十分にいなかった。彼らは１つの場所から別の場所へ長時間かけて移動した。ベンは，もっと多くの人々に郵便配達人になるよう頼んだ。それから彼は，移動するための最善の道筋を彼らに示した。人々は以前よりもずっと早く手紙を受け取ることができた。ますます多くの人々が郵便を使い始めた。手紙と新聞は，以前よりも頻繁に送られるようになった。

重要語句リスト

❶
famous	形	有名な
important	形	重要な，大切な
job	名	仕事
independence	名	独立
think of ～	熟	～のことを考える
way	名	方法
make O C	動	OをCにする
call O C	動	OをCと呼ぶ
all over ～	熟	～中で［の］
Philadelphia	名	フィラデルフィア
Here are ～	熟	ここに～がある

❷
firefighter	名	消防士
at that time	熟	当時
burn down	熟	全焼する
it is ... for ～ to V	熟	～がVすることは…だ →形式主語構文
work together	熟	協力する
soon	副	すぐに，まもなく
thanks to ～	熟	～のおかげで
lose	動	～を失う

❸
send	動	～を送る
reason	名	理由
enough	形	十分な
mail carrier	名	郵便配達人
show A B	熟	AにBを示す
road	名	道，道路
travel	動	旅行する，移動する
more and more ～	熟	ますます多くの～
begin to V	熟	Vし始める
mail	名	郵便

Lesson
06

❹ [Most] <of [the houses] <in the city>> were very cold (in winter) (at that
time). There was a fireplace (in each house), but the fireplace could not keep
the house warm. [The only warm place] <in the house> was (just) (in front of
the fireplace). Because [most] <of [the hot air] <from the fireplace>> went up   20
the chimney. [The smoke] <from the fireplace> (often) came (into the whole
room). It was dangerous, (too). Because (sometimes) sparks burned the
clothes.

❺ Ben made a better fireplace. [All the smoke] <from the new fireplace>
went up the chimney. All the hot air went (into the room). And it had [a door]   25
<to keep sparks (in it)>. A lot of people called it the Franklin stove. (Soon)
[people] <all over America> were using Franklin stoves.

❹ 当時，冬になると，その市の大部分の家はとても寒かった。それぞれの家には暖炉があったが，暖炉は家を暖かく保つことはできなかった。家の中でただ１つの暖かい場所は，暖炉のすぐ前だった。暖炉から出る暖かい空気の大半が，煙突を昇って行くからだった。暖炉からの煙は，しばしば部屋全体に入ってきた。それは危険でもあった。時々，火の粉が衣服を燃やしたからである。

❺ ベンはより良い暖炉を作った。新しい暖炉から出る煙はすべて，煙突を昇っていった。暖かい空気はすべて，部屋へ入った。そしてその暖炉には，火の粉を中に閉じ込めておくドアがついていた。多くの人々が，それをフランクリン・ストーブと呼んだ。まもなくアメリカ中の人々が，フランクリン・ストーブを使っていた。

Lesson 06

❹

☐ most of ～	熟 ～の大部分
☐ fireplace	名 暖炉
☐ each	形 それぞれの
☐ keep O C	動 O を C のままにしておく
☐ only	形 ただ１つの
☐ warm	形 暖かい
☐ place	名 場所
☐ just	副 ちょうど
☐ in front of ～	熟 ～の前（に）
☐ because S V	接 S が V するので
☐ air	名 空気
☐ go up ～	熟 ～を昇る
☐ chimney	名 煙突
☐ smoke	名 煙
☐ come into ～	熟 ～の中へ入ってくる
☐ whole	形 全体の
☐ dangerous	形 危険な
☐ spark	名 火の粉，火花
☐ burn	動 ～を燃やす
☐ clothes	名 衣服

❺

☐ go into ～	熟 ～に入る
☐ keep A in B	熟 A を B の中に閉じ込めておく
☐ stove	名 ストーブ

■次の英文を読み，あとの設問に答えなさい。

There are a lot of old weather proverbs in the world. Long ago, people watched the skies and animals carefully and made many weather proverbs. Some people wanted to know when they should go to the sea to catch fish. For these people, weather proverbs were very useful.

Have you ever heard any weather proverbs?

One of the most popular proverbs in Japan says, (A)"If the west sky in the evening is red, the weather will be nice the next day. If the east sky in the morning is red, it will rain that day." This proverb is often said by people who live in the Temperate Zone* of the earth, too.

In fact, the red sky in the west in the evening means that the weather in the west is nice. In the Temperate Zone, the weather often moves from west to east because of strong winds from the west. (B)So if the west sky is red in the evening, you can say you will have good weather the next day. In the same way, if the east sky is red in the morning, nice weather may go away and bad weather may come from the west. So you can say it may rain that day.

Another proverb in Japan says, "If a kite* flies high in the sky, the weather will be (　1　). If a kite flies low in the sky, it will be (　2　)."

Some people say, "When the weather is good, a kite often flies high in the sky. (C)It (for / kite / easy / is / find / a / to) something to eat from there. When the weather is bad, it is sometimes misty. So a kite can not see well, and it flies low to find food."

There are many other weather proverbs in different places of the world. Proverbs are sometimes wrong. But it is interesting to learn the workings of nature from proverbs.

25

Lesson
07

* Temperate Zone （温帯）   kite （トビ〔鳥の名〕）

設問

（1）　波線部を和訳しなさい。

（2）　下線部(A)のことわざが表している内容として最も適切なものを，次の選
　　　　択肢の中から１つ選びなさい。

　　1　夕焼けのときは次の日天気が良くなり，朝焼けのときはその日天気
　　　　が悪くなる。

　　2　夕焼けのときは次の日天気が良くなり，朝焼けのときはその日天気
　　　　が良くなる。

　　3　夕焼けのときは次の日天気が悪くなり，朝焼けのときはその日天気
　　　　が良くなる。

　　4　夕焼けのときは次の日天気が悪くなり，朝焼けのときはその日天気
　　　　が悪くなる。

（3）　下線部(B)のように言うことができる理由として最も適切なものを，次の
　　　　選択肢の中から１つ選びなさい。

　　1　Because strong winds will bring good weather from the east.

　　2　Because strong winds will bring bad weather from the west.

　　3　Because strong winds will bring good weather from the west.

　　4　Because strong winds will bring bad weather from the east.

（4）　本文の内容から考えて，（　1　），（　2　）に当てはまる最も適切な英
　　　　語１語を，それぞれ本文中から抜き出して書きなさい。

Lesson
07

（**5**）　下線部(C)が正しい英文となるように，（　　　　）内の語を並べ替えなさい。

	解　答　用　紙		
(1)			
(2)		**(3)**	
(4)	（1）	（2）	
(5)			

解答・解説

（**1**）　文の主語は the red sky，述語動詞は means。that S V（S が V すると
いうこと）が目的語となっていることに注意して訳しましょう。

（**2**）　下線部(A)のことわざは「夕方，西の空が赤ければ，翌日の天気は良く
なるだろう。朝，東の空が赤ければ，その日は雨が降るだろう」が直訳
となり，**1** が正解と判断できます。また，「the west sky in the evening
is red（夕方，西の空が赤い）」を「夕焼け」，「the east sky in the morning
is red（朝，東の空が赤い）」を「朝焼け」と言い換えています。

（**3**）　**1**　強風のために，東から良い天気になるだろうから。
　　　　2　強風のために，西から悪い天気になるだろうから。
　　　　③　強風のために，西から良い天気になるだろうから。
　　　　4　強風のために，東から悪い天気になるだろうから。
　　▶まず，下線部(B)は「**良い天気**」について述べていることに注目してくだ
さい。次に，**So**（だから［それが理由で］）に注目すれば，理由は**直前の
文**に示されているとわかります。直前の文には「温帯では，西からの強
風のために，天気はしばしば**西から東へ移動する**」とあるので，**3** が正
解となります。

（**4**）　第 6 段落に「天気が**良い**とき，トビはしばしば空高く飛ぶ。トビがそ
こから食べ物を見つけるのは簡単だ。天気が**悪い**ときは，時々**霧がかか
っている**。だからトビはよく見えないので，食べ物を見つけるために低
く飛ぶ」とあります。したがって，（ 1 ）は「天気が**良い**」，（ 2 ）は
「天気が**悪い**／**霧のかかった**」とすれば正解です。

（**5**）　形式主語構文 it is ... for 〜 to V（〜が V するのは…だ）を問う問題で
す。It で文が始まっていることと，選択肢に for や to が含まれているこ
とに注目しましょう。

正　解		
(1) (12点) 実際，夕方，西の空が赤いことは，西の天気が良いことを意味する。		
(2) (7点) 1		**(3)** (7点) 3
(4) (各7点) （ 1 ） good [nice] 　　　（ 2 ） bad [misty]		
(5) (10点) (It) is easy for a kite to find (something to eat from there.)		

得点	（1回目）　　／50点	（2回目）	（3回目）	CHECK YOUR LEVEL	0〜30点 ➡ *Work harder!*　31〜40点 ➡ *OK!*　41〜50点 ➡ *Way to go!*

❶ There are a lot of old weather proverbs (in the world). (Long ago), people watched the skies and animals (carefully) and made many weather proverbs. Some people wanted [to know [when they should go (to the sea) (to catch fish)]]. (For these people), weather proverbs were very useful.

❷ Have you (ever) heard any weather proverbs?

❸ One of the most popular proverbs <in Japan> says, "(If the west sky <in the evening> is red), the weather will be nice (the next day). (If the east sky <in the morning> is red), it will rain (that day)." This proverb is (often) said (by people <who live (in the Temperate Zone <of the earth>)>), (too).

──────────────── 構文解説 ────────────────

1 疑問詞 when で始まる節は名詞節で，文末の fish までが wanted to know の目的語になっている。

2 " " は「　」の働き。ここでは，"If ..... that day." までが One of the most popular proverbs in Japan says の目的語，つまりことわざの内容となっている。

【和訳】

❶ 世界には，天気に関する多くの古いことわざがある。ずっと昔，人々は空や動物を注意深く観察して，天気に関する多くのことわざを作った。魚を捕るためにいつ海へ行くべきかを知りたがった人々もいた。これらの人々にとって，天気に関することわざはとても役に立った。

❷ あなたは今までに，天気に関することわざを何か聞いたことがあるだろうか。

❸ 日本で最も親しまれていることわざの1つは，「夕方，西の空が赤ければ，翌日の天気は良くなるだろう。朝，東の空が赤ければ，その日は雨が降るだろう」というものである。このことわざは，地球の温帯に住む人々にもしばしば口にされる。

重要語句リスト

❶

weather	图 天気
proverb	图 ことわざ
long ago	熟 ずっと昔に
sky	图 空
carefully	副 注意深く
catch	動 ～をつかまえる，～を捕らえる
useful	形 役に立つ

❸

popular	形 人気のある
west	形 西の
east	形 東の
the earth	图 地球

Lesson
07

❹ (In fact), the red sky <in the west> <in the evening> means [that the weather <in the west> is nice]. (In the Temperate Zone), the weather (often) moves (from west to east) (because of strong winds <from the west>). (So) (if the west sky is red (in the evening)), you can say [you will have good weather (the next day)]. (In the same way), (if the east sky is red (in the morning)), nice weather may go away and bad weather may come (from the west). (So) you can say [it may rain (that day)].

❺ Another proverb <in Japan> says, "(If a kite flies (high) (in the sky)), the weather will be good. (If a kite flies (low) (in the sky)), it will be bad."

❻ Some people say, "(When the weather is good), a kite (often) flies (high) (in the sky). It is easy (for a kite) [to find something <to eat> (from there)]. (When the weather is bad), it is (sometimes) misty. (So) a kite can not see (well), and it flies (low) (to find food)."

❼ There are many other weather proverbs (in different places <of the world>). Proverbs are (sometimes) wrong. But it is interesting [to learn the workings <of nature> (from proverbs)].

---

3 「文．So S V」は「……。だから，S は V する」の意味。So の前の文 [または前の文まで] が原因 [理由] を表し，So に続く S V がその結果を表す。ここでは，前文までの内容「(原因) 温帯では，西からの強風のために，天気はしばしば西から東へ移動する→(結果) もしも夕方，西の空が赤ければ，翌日は良い天気だろうと言うことができる」の因果関係がある。

❹ 実際，夕方，西の空が赤いことは，西の天気が良いことを意味する。温帯では，西からの強風のために，天気はしばしば西から東へ移動する。だから，もしも夕方，西の空が赤ければ，翌日は良い天気だろうと言うことができる。同様に，もしも朝，東の空が赤ければ，好天が去り悪天候が西から来るかもしれない。だから，その日は雨が降るかもしれないと言うことができる。

❺ 日本の別のことわざでは，「トビが空高く飛べば，天気は良くなるだろう。トビが空の低いところを飛べば，天気は悪くなるだろう」と言われる。

❻「天気が良いとき，トビはしばしば空高く飛ぶ。トビがそこから食べ物を見つけるのは簡単だ。天気が悪いときは，時々霧がかかっている。だからトビはよく見えないので，食べ物を見つけるために低く飛ぶ」と言う人もいる。

❼ 世界中の様々な場所に，天気に関する多くの他のことわざがある。ことわざは，時には間違っていることもある。しかし，ことわざから自然のしくみを学ぶことは興味深い。

❹
- □ in fact　熟 実際は
- □ mean that S V　熟 SがVすることを意味する
- □ move from A to B　熟 AからBへ移動する
- □ because of ～　熟 ～の（理由の）ために
- □ strong　形 強い
- □ in the same way　熟 同様に
- □ go away　熟 去る

❺
- □ another　形 別の，もう1つの

❻
- □ it is ... for ～ to V　熟 ～がVするのは…だ →形式主語構文
- □ misty　形 霧のかかった
- □ low　副 低く

❼
- □ other　形 他の
- □ different　形 様々な，異なる
- □ place　名 場所
- □ wrong　形 間違っている
- □ the working of nature　名 自然のしくみ
- □ learn A from B　熟 BからAを学ぶ

END

Lesson 08
問題文

単 語 数 ▶ **358** words
制限時間 ▶ **20** 分
目標得点 ▶ **40** ／50点

DATE

■次の英文を読み，あとの設問に答えなさい。

When you see someone who is not loved by anyone, how do you feel?　Mother Teresa saw many poor, sick and dying people.　She thought the most important thing for these people was love.　She always thought about it.　She started the "Missionaries of Charity*," and gave hope to people around the world.　In 1979, she won the Nobel Peace Prize*, and with it, $190,000.　She used the money to buy food for many poor people.

Mother Teresa was a nun and a principal of a big school.　In those days, she saw many poor, sick and dying people with no food to eat because of war.　One day, she felt that God wanted her to help the people in the poorest areas.　So, in 1948, she left her school to help these people.　She was alone and she did not have any money.

First, she started a school in one of the poorest areas because she knew that the most important thing for a better life was learning to read and write.　She did not have any desks, chairs, pens or paper so she wrote on the ground.　The school started with a few children and it grew quickly.

Second, she was able to begin the Missionaries of Charity.　The number of members in it increased.　All of them were poor like the poor people they helped, because she thought that they must be poor to understand them.　Mother Teresa and the other members helped a large number of poor, sick and dying people. Today, there are over 300 Missionaries of Charity houses around the world.

Mother Teresa told people to be kind to the people around them. Sometimes people asked, "What can I do to help?" She always answered, "Begin at home by saying something good to your child, to your husband or to your wife. Begin by helping someone in your community, at work or at school."

Mother Teresa died on September 5, 1997. She was 87 years old. Once, she was asked about the future of the Missionaries of Charity without her. She answered, "God will find someone better to help the poor people."

Lesson
08

* Missionaries of Charity (神の愛の宣教者会)
  Nobel Peace Prize (ノーベル平和賞)

（1） 次のア〜ウの問いの答えとして最も適切なものを，それぞれの選択肢の中から1つ選びなさい。

ア When did Mother Teresa win the Nobel Peace Prize?

1 In 1948.   **2** In 1979.

3 In 1984.   **4** In 1997.

イ Why did Mother Teresa leave a big school in 1948?

1 Because she had no money.

2 Because she won the Nobel Peace Prize.

3 Because she thought that she was alone in a big school.

4 Because she thought that God wanted her to help the poorest people.

ウ Why did Mother Teresa start teaching in one of the poorest areas?

1 Because she found that there were some desks and chairs there.

2 Because she knew that reading and writing were important for the children's future.

3 Because she felt that the Missionaries of Charity wanted her to teach.

4 Because she had enough money to start a school.

（2） 次のア〜ウの英文の空所に当てはまる最も適切なものを，それぞれの選択肢の中から1つ選びなさい。

ア Mother Teresa and the members of the Missionaries of Charity were poor （　　　）.

1 because they wanted to know the poor people well

2 because they used all their money to win the Nobel Peace Prize

3 because they were told to be poor by the poor people

4 because they were too sick to work

イ Mother Teresa was asked, "What can I do to help?" Her answer meant (　　).

1 that they should ask their families to be kind first

2 that they should find the poorest people to help first

3 that they should do something good for the people around them first

4 that they should help many poor people around the world first

Lesson
08

ウ "God will find someone better to help the poor people" means (　　).

1 that only Mother Teresa can help the poor people

2 that someone can help the poor people with Mother Teresa

3 that Mother Teresa will help the poor people better than before

4 that someone will help the poor people better than Mother Teresa

解 答 用 紙				
(1)	ア		(2)	ア
	イ			イ
	ウ			ウ

Lesson 08

解答・解説

（1）

ア　マザー・テレサがノーベル平和賞を受賞したのはいつのことでしたか？

1 1948 年　　　　　　　　　**②** 1979 年

3 1984 年　　　　　　　　　**4** 1997 年

▶**第1段落**第6文から 1979 年に受賞したことがわかります。

イ　マザー・テレサはなぜ 1948 年に大きな学校を退職したのですか？

1 彼女はお金がなかったから。

2 彼女はノーベル平和賞を受賞したから。

3 彼女は自分が大きな学校に独りぼっちだと思ったから。

④ 彼女は神が自分に最も貧しい人々を救ってほしがっていると思ったから。

▶**第2段落**第4文に「そこで［それが理由で］，1948 年に，これらの人々を助けるために彼女は学校を退職した」とあるので，退職の理由はその直前の文に示されているとわかります。

ウ　マザー・テレサはなぜ最も貧しい地域の1つで教えることを始めたのですか？

1 彼女はそこに机やいすがあるとわかったから。

② 彼女は読み書きが子供たちの将来のために大切だと知っていたから。

3 彼女は神の愛の宣教者会が自分に教えてほしがっていると感じたから。

4 彼女は学校を開くのに十分なお金を持っていたから。

▶最も貧しい地域で教えることは**第3段落**第1文に示されています。その理由は，because 以下に「より良い生活のために最も大切なのは読み書きを習い覚えることだ，と彼女が知っていたから」と書かれています。

（2）

ア　（　　　　　），マザー・テレサと神の愛の宣教者会の会員たちは貧しかった。

① 貧しい人々をよく知りたかったので

2 ノーベル平和賞を受賞するためにお金をすべて使ってしまったので

3 貧しい人々に貧しくなるように言われたので

4 体調が悪すぎて働くことができなかったので

▶彼らが貧しかったことは**第4段落**第3文に**示されています**。その理由は，because 以下に「貧しい人々を理解するためには自分も貧しくなければならない，と彼女が考えた」と書かれています。

イ　マザー・テレサは「お手伝いするために自分には何ができますか」と尋ねられた。彼女の答えは，（　　　）を意味した。
　1　彼らは最初に自分たちの家族に親切になるよう頼むべきだということ
　2　彼らは最初に手助けすべき最も貧しい人々を見つけるべきだということ
　③　彼らは最初に自分の身のまわりの人々のために何か良いことをすべきだということ
　4　彼らは最初に世界中の多くの貧しい人々の手助けをすべきだということ
　▶質問に対するマザー・テレサの答えは**第5段落**第3～最終文に**示され**ています。**家庭や地域社会，職場，学校など身近な場所から手助けを始めるよう答えている**ことから**3**が正解と判断できます。

ウ　「貧しい人々を助けるための，自分よりもすぐれた人を神は見つけるでしょう」は，（　　　）を意味する。
　1　マザー・テレサだけが貧しい人たちの手助けをすることができるということ
　2　誰かがマザー・テレサと一緒に貧しい人々を救うことができるということ
　3　マザー・テレサが以前よりも貧しい人々の手助けをするであろうということ
　④　誰かがマザー・テレサよりも貧しい人々の手助けをするであろうということ
　▶問題の表現は**第6段落**最終文。「自分よりもすぐれた人」とは，自分以外の誰かを指すとわかるので，**4**が正解と判断できます。

Lesson
08

正　解				
(1) (8点)	ア　2		**(2)** (8点)	ア　1
(9点)	イ　4		(8点)	イ　3
(9点)	ウ　2		(8点)	ウ　4

得点	（1回目）	（2回目）	（3回目）	CHECK YOUR LEVEL	0～30点 ➡ *Work harder!*
	／50点				31～40点 ➡ *OK!*
					41～50点 ➡ *Way to go!*

構造確認

[ ]=名詞　□=修飾される名詞　< >=形容詞・同格　( )=副詞
S=主語　V=動詞　O=目的語　C=補語　'=従節

❶ (When you see |someone| <who is not loved (by anyone)>), how do you
feel? Mother Teresa saw many poor, sick and dying people. She thought
[|the most important thing| <for these people> was love]. She (always) thought
about it. She started the "Missionaries of Charity," and gave hope (to |people|
<around the world>). (In 1979), she won the Nobel Peace Prize, and (with it),
$190,000. She used the money (to buy food (for many poor people)).

❷ Mother Teresa was a nun and |a principal| <of a big school>. (In those
days), she saw |many poor, sick and dying people| <with |no food| <to eat>
(because of war)>. (One day), she felt [that God wanted her to help |the
people| <in the poorest areas>]. (So), (in 1948), she left her school (to help
these people). She was alone and she did not have any money.

❸ (First), she started a school (in |one| <of the poorest areas>) (because she
knew [that |the most important thing| <for a better life> was learning [to read
and write]]). She did not have any desks, chairs, pens or paper so she wrote
(on the ground). The school started (with a few children) and it grew (quickly).

構文解説

■1 「because of ～」は「～が原因で」を意味する前置詞。「結果 because of 原因」のように因果関係を示す。ここでは，「(原因) 戦争→ (結果) 彼女 [マザー・テレサ] は食べるもののない多くの貧しい人々や病気の人々，死期の迫った人々を目にした」の関係。

■2 that で始まる節は名詞節で，文の最後までの部分が knew という動詞の目的語になっている。この節での中の主語は the most important thing で，この主語に対応する述語動詞は was。また，was の直後の learning は「習い覚えること」を意味する動名詞。

【和訳】

❶ 誰にも愛されていない人を見たら、あなたはどう感じるだろうか。マザー・テレサは、多くの貧しい人々や病気の人々、死期の迫った人々を目にした。こうした人々にとって最も大切なものは愛である、と彼女は考えた。彼女は常にそのことを考えていた。彼女は「神の愛の宣教者会」を創設し、世界中の人々に希望を与えた。そして1979 年に、彼女はノーベル平和賞とその賞金 19 万ドルを得た。彼女はそのお金を、多くの貧しい人々の食糧を買うために使った。

❷ マザー・テレサは、尼僧であり大きな学校の校長だった。当時、彼女は戦争によって食べるもののない多くの貧しい人々や病気の人々、死期の迫った人々を目にした。ある日、彼女は最も貧しい地域の人々を助けることを神が自分に求めていると感じた。そこで、1948 年に、これらの人々を助けるために彼女は学校を退職した。彼女は独りぼっちで、お金も全く持っていなかった。

❸ 最初に彼女は最も貧しい地域の 1 つに学校を開いたが、それはより良い生活のために最も大切なのは読み書きを習い覚えることだ、と彼女が知っていたからである。彼女は机もいすもペンも紙も持っていなかったので、地面に書いた。学校は数人の子供たちでスタートし、すぐに大きくなった。

重要語句リスト

❶

☐ How do you feel?	熟	あなたはどう思いますか？
☐ Mother Teresa	名	マザー・テレサ
☐ poor	形	貧しい
☐ dying	形	死ぬ
		→ die の現在分詞
☐ important	形	大切な，重要な
☐ think about ~	熟	~について考える
☐ Missionaries of Charity		
	名	神の愛の宣教者会
☐ give A to B	熟	B に A を与える
☐ around the world	熟	世界中の［で］
☐ win	動	~を得る，~を勝ち取る
☐ Nobel Peace Prize		
	名	ノーベル平和賞
☐ with	前	~と一緒に
☐ buy	動	~を買う

❷

☐ nun	名	尼僧
☐ principal	名	校長
☐ in those days	熟	当時
☐ because of ~	熟	~の（理由の）ために
☐ war	名	戦争
☐ one day	熟	ある日
☐ God	名	神
☐ feel that S V	熟	S が V すると感じる
☐ want ~ to V	熟	V してほしいと~に思う
☐ area	名	地域，地区
☐ leave	動	~を去る
☐ alone	形	一人で，孤独で

❸

☐ life	名	生活
☐ learn to V	熟	V することを習う
☐ chair	名	いす
☐ ground	名	地面
☐ a few ~	熟	数人［個］の~，2,3の~
☐ grow	動	成長する
☐ quickly	副	すばやく

Lesson

08

❹ (Second), she was able to begin the Missionaries of Charity. The
      S   V   O   S
number <of members> <in it>> increased. All <of them> were poor (like
               V   S   V   C
the poor people <they helped>), (because she thought [that they must be
                 S'   V'   S'   V'   O   S'   V'
poor (to understand them)]). Mother Teresa and the other members helped
C'   S   V
a large number of poor, sick and dying people. (Today), there are over 300
O   V   S
Missionaries of Charity houses (around the world).   20

❺ Mother Teresa told people to be kind (to the people <around them>).
  S   V   O   C   the people
(Sometimes) people asked, "What can I do (to help)?" She (always) answered,
           S   V   O S'   V'   S   V
"Begin (at home) (by [saying something <good> (to your child), (to your
O V'   O   25
husband) or (to your wife)]). Begin (by [helping someone (in your community),
                                    V'
(at work) or (at school)])."

❻ Mother Teresa died (on September 5), (1997). She was 87 years old.
  S   V   S   V   C
(Once), she was asked (about the future <of the Missionaries of Charity
       S   V   the future   the Missionaries of Charity
<without her>>). She answered, "God will find someone <better> <to help
                S   V   O S'   V'   O   30
the poor people>."

---

3 or は A and B と同様に同じ形を並べるが，3つ以上並べる場合は「A, B or C」「A, B, C
or D」のように最後以外はカンマで並べる。よって，ここでは「A = to your child」「B =
to your husband」「C = to your wife」を並べている。

90

❹ 次に，彼女は神の愛の宣教者会を始めること
ができた。その会の会員の数は増加した。彼らは
皆，自分たちが助けた貧しい人々と同様に貧しか
ったが，それは貧しい人々を理解するためには自
分も貧しくなければならない，と彼女が考えたか
らである。マザー・テレサと他の会員たちは，た
くさんの貧しい人々や病気の人々，死期の迫った
人々を助けた。今日，世界中に300を超える神の
愛の宣教者会の建物がある。

❺ マザー・テレサは，自分のまわりの人に親切
にするよう人々に言った。人々は時に，「お手伝
いするために自分には何ができますか」と尋ね
た。彼女はいつもこう答えた。「家庭で，子供や
夫や妻に良いことを言うことから始めなさい。地
域社会や職場や学校で誰かの手助けをすることか
ら始めなさい」

❻ マザー・テレサは，1997年9月5日に亡くな
った。87歳だった。かつて彼女は，自分がいな
くなったときの神の愛の宣教者会の将来について
尋ねられた。「貧しい人々を助けるための，自分
よりもすぐれた人を神は見つけるでしょう」と彼
女は答えた。

❹
- [ ] be able to V　　　熟　Vすることができる
- [ ] the number of ～　熟　～の数
- [ ] member　　　　　名　会員
- [ ] increase　　　　　動　増加する
- [ ] like　　　　　　　前　～のように［な］
- [ ] must be ～　　　　熟　～で［し］なければならない
- [ ] other　　　　　　形　他の
- [ ] a large number of ～
　　　　　　　　　　　熟　多数の～
- [ ] over　　　　　　　前　～を超える，～以上

❺
- [ ] tell ～ to V　　　熟　Vするよう～に言う
- [ ] be kind to ～　　熟　～に対して親切である
- [ ] around　　　　　前　～のまわりの［で］
- [ ] at home　　　　　熟　家で［に］
- [ ] by Ving　　　　　熟　Vすることによって
- [ ] husband　　　　　名　夫
- [ ] wife　　　　　　　名　妻
- [ ] community　　　　名　地域社会
- [ ] at work　　　　　熟　職場で，仕事中に

❻
- [ ] once　　　　　　　副　かつて
- [ ] ask A about B　　熟　BについてAに尋ねる
- [ ] future　　　　　　名　将来，未来
- [ ] without　　　　　前　～なしで

Please teach me, teacher!

Q どうしたら「速読」ができるようになりますか？
そのために，普段どのように練習したらいいですか？

A 日本の大学入試であれば，声に出して普通に読む速度で英文を読むことができれば，ほとんど時間内に解けるでしょう。つまり，音読をする速度で英文を読むことができれば，大学入試でそれほど困ることはありません。

本来の「速読」とは，声に出して読む速度よりもはるかに速い速度で読む行為を指します。しかし，大学入試における英文速読と言われるものは，ネイティブスピーカーにとっての遅読にすぎないのです。

とはいっても，大学受験生の皆さんにとっては，この速度で読めるようになるためには非常に大変な努力が必要だと思います。日々の練習で，音読の速度で英文が読めるようになるまでしっかりとこの問題集を利用してください。また，ナレーションを聞いて理解できるようになることを目標にリスニングの学習にも力を入れてください。

さて，音読の仕方ですが，まずは本書付属のネイティブ音声や「音読動画」でナレーションを聞き，発音を確認したうえで音読の練習に取り組むのが良いでしょう。また，辞書で発音記号を確認するなどして，発音にこだわった音読をすると，将来も役に立つ英語力が身につきます。他にも，音声を認識する力が身につくため，リスニングの勉強にも役立ちます。

本文の英文を何度も音読し，英文のまま意味がわかるようになるまで，リスニングと音読を繰り返し行いましょう。本書の音声はダウンロードやストリーミング再生に対応していますから，スマートフォンやタブレットなどの様々なプレーヤーで持ち歩ける形にして，耳から英文をたくさん聞いてください。これはリスニング問題の訓練になるばかりではなく，長文読解においても英文を速く読む非常に効率的な勉強となるのです。英単語や熟語もメンテすることができ，リスニングは，最強の長文学習でもあるのです。

LV2
STAGE-3

■次の英文を読み，あとの設問に答えなさい。

On February 10, 1860, at the end of the Edo period, a ship left Japan to cross the Pacific. It was a Japanese ship sent to America by the *Bakufu*. It was not a big enough ship for the long and difficult voyage, but people on the ship wanted to do this job well. They thought this voyage was important for the future of Japan. Some of them also wanted to see America with their own eyes. (**1**)

Before this voyage, in 1853, the *Kurofune*, or Black Ships, came to Japan. They wanted Japan to open its doors to the world. At that time, many people were afraid of the ships, but some people thought that Japan should learn more about the world. (**2**)

There were also eleven American people on the Japanese ship. They had a lot of experience at sea and they were good sailors, but the Japanese people didn't want them to be on the ship. (**3**)

The voyage on the Pacific was not easy. The ship often went into storms. The Japanese people could not control the ship well. They didn't have much experience and many of them got sick from the bad weather. (**4**)

One day, a very big storm came. The Japanese people could not control the ship. So the American sailors began to do it. Some Japanese people joined them. With their hard work, the ship made it through the storm. After this, the Japanese and the American people began to work

together and had better communication. The American people showed
the Japanese people how to control the ship. Some Japanese people tried
to learn about America from the American people. Later, the Japanese
25 and American people became friends. On March 17, the people on the
ship (A)(see) the mountains of San Francisco. They were very happy.
(5)

The name of this ship was the *Kanrin Maru*. Fukuzawa Yukichi and
other young Japanese people were on the ship. They learned a lot
30 during their stay in America and brought new ideas back to Japan. Later,
in the Meiji era, they worked hard for their country. This was a great
voyage for Japan.

Lesson
09

Lesson 09

設問

（1） 下線部(A)の（　）内の語を，最も適切な形に直して，英語1語で書きなさい。

（2） 次の2つの英文は，ある語の説明である。英文が説明している最も適切な英語1語を，それぞれ本文中から抜き出して書きなさい。

1 This word means the condition of the sky and the air, for example, sunny, rainy, or cloudy.

2 This word means giving and getting ideas or understanding feelings with language, or with other things like our faces and hands.

（3） 本文の内容について，次の2つの質問に英語で答えなさい。答えは（　）に1語ずつ書きなさい。**2**の答えは，最も適切な部分を，本文中から抜き出して書きなさい。

1 Was the voyage on the Pacific easy?

— （　　）, it （　　）.

2 What did the American sailors begin to do when a very big storm came?

— They began to （　　）（　　）（　　）.

（4） 次の1文が入る最も適切な位置を，本文中の（　1　）～（　5　）から1つ選び，数字で答えなさい。

They said, "We can cross the Pacific without their help!"

（5） 本文の内容と一致するものを，次の選択肢の中から２つ選びなさい。

1 The Japanese people on the ship didn't want to cross the Pacific because it was a difficult voyage.

2 Before 1853, the *Kanrin Maru* crossed the Pacific to go to America.

3 The Japanese people had a lot of experience at sea, but the American people didn't have much experience.

4 The American people didn't help the Japanese people, but the ship made it through a very big storm.

5 The Japanese and American people worked hard to cross the Pacific and they became friends.

6 Some young Japanese people who were on the ship came back to Japan with new ideas.

解 答 用 紙			
（1）			
（2）	1	2	
（3）	1	2	
（4）		（5）	

解答・解説

(1)　　この文は全体的に過去形で書かれており，下線部(A)の前後の文も過去形を使っていることと文意から，下線部(A)も過去形の saw にすれば良いとわかります。

(2)

1　この単語は，例えば晴れわたった，雨の，曇ったのように，空と大気の状態を意味する。

▶第 4 段落最終文にある weather（天気）のことです。

2　この単語は，言語，あるいは顔や手のような他のものを使って，考えを交換することや気持ちを理解することを意味する。

▶第 5 段落第 6 文にある communication（コミュニケーション，意思疎通）のことです。

(3)

1　太平洋上の航海は容易でしたか？

▶第 4 段落第 1 文に「太平洋上の航海は，**容易ではなかった**」とあるので，答えは No, it wasn't. となります。

2　アメリカ人の船員たちはとても大きな嵐が来たとき，何をし始めましたか？

▶とても大きな嵐が来たときのことは**第 5 段落**に示されています。第 2 〜 3 文から，They began to control the ship. であることがわかります。

(4)　　「我々は，彼らの助けを借りずに太平洋を横断することができる」と彼らは言った。

「We」と「their」がそれぞれ何を指すのかを考え，（ 3 ）の直前の文「**日本人たちは彼ら**［**アメリカ人の船員たち**］**には船に乗っていてほしくなかった**」に着目すれば（ 3 ）に入るとわかります。

(5) **1** 困難な航海だったので，船に乗り込んだ日本人たちは太平洋を横断したくなかった。
　　→**第1段落**第3文「この仕事を成功させたいと願った」という記述に矛盾します。

2 1853年より前に，咸臨丸はアメリカへ行くため，太平洋を横断した。
　　→**第1段落**第1文と**第6段落**第1文より，咸臨丸は1860年に出航したとわかります。

3 日本人たちは海での経験が豊富だったが，アメリカ人たちはあまり経験がなかった。
　　→**第4段落**第4文から，日本人が経験に乏しかったことがわかります。

4 アメリカ人たちは日本人たちの手助けをしなかったが，船はとても大きな嵐を抜け出した。
　　→**第5段落**前半から，アメリカ人の手助けによって，嵐を抜け出せたことがわかります。

⑤ 日本人とアメリカ人たちは，太平洋を横断するために熱心に働き，仲良くなった。
　　→**第5段落**第6〜9文に一致します。

⑥ 船に乗っていた日本人の若者の中には，新しい思想を日本に持ち帰った者もいた。
　　→**第6段落**第3文に一致します。

正　解		
（1） (7点)	saw	
（2） (各4点)	**1** weather	**2** communication
（3） (各4点)	**1** No, wasn't	**2** control the ship
（4） (7点)	3	**（5）** (各10点) **5, 6**

得点	（1回目）　　／50点	（2回目）	（3回目）	CHECK YOUR LEVEL	0〜30点 ➡ *Work harder!*　31〜40点 ➡ *OK!*　41〜50点 ➡ *Way to go!*

構造確認

[ ]＝名詞 □＝修飾される名詞 ＜ ＞＝形容詞・同格 ( )＝副詞
S＝主語 V＝動詞 O＝目的語 C＝補語 ´＝従節

❶ (On February 10), (1860), (at the end of the Edo period), a ship left Japan
(to cross the Pacific). It was a Japanese ship <sent (to America) (by the
Bakufu)>. It was not a big enough ship <for the long and difficult voyage>,
but people <on the ship> wanted [to do this job (well)]. They thought [this
voyage was important (for the future <of Japan>)]. Some <of them> (also)
wanted [to see America (with their own eyes)].

❷ (Before this voyage), (in 1853), the Kurofune, <or Black Ships>, came (to
Japan). They wanted Japan to open its doors (to the world). (At that time),
many people were afraid (of the ships), but some people thought [that Japan
should learn more (about the world)].

❸ There were (also) eleven American people (on the Japanese ship). They
had a lot of experience <at sea> and they were good sailors, but the Japanese
people didn't want them to be (on the ship). They said, "We can cross the
Pacific (without their help)!"

·································· 構文解説 ··································

1 文末 [完成した文の後ろ] に置かれる「to 動詞の原形」は「～するために」を意味する目的
を表すのが基本。

2 「名詞＋過去分詞」は「～される名詞」のように直前の名詞に説明を加える分詞を使った表現。

3 A but B は A と B が「語と語」「句と句」「節と節」「文と文」のように同じ形を並べる。ま
た, A と B が逆の内容になることが多い。ここでは「A = It ..... voyage」「B = people .....
well」を並べており, A は「長く困難な航海をするための十分な大きさの船ではなかった」と
いうマイナスの内容, B は「船に乗り込んだ人々はこの仕事を成功させたいと願った」とい
うプラスの内容になっている。

【和訳】

❶ 江戸時代末期の 1860 年 2 月 10 日，1 隻の船が太平洋を横断するために日本を出発した。それは，幕府によってアメリカへ派遣された日本船だった。長く困難な航海をするための十分な大きさの船ではなかったが，船に乗り込んだ人々はこの仕事を成功させたいと願った。この航海は日本の将来のために重要だと彼らは考えた。彼らの中には，自分の目でアメリカを見たいと思う者もいた。

❷ この航海よりも前の 1853 年に，黒船が日本に来た。彼らは日本が世界に門戸を開くことを求めた。当時，多くの人々が黒船を恐れたが，日本は世界のことをもっとよく知るべきだと考える人々もいた。

❸ その日本船には，11 人のアメリカ人も乗っていた。彼らは航海の経験が豊富なすぐれた船乗りたちだったが，日本人たちは彼らには船に乗っていてほしくなかった。「我々は，彼らの助けを借りずに太平洋を横断することができる」と彼らは言った。

重要語句リスト

❶

☐ at the end of ～	熟	～の終わりに
☐ period	名	時代，時期
☐ cross	動	～を横断する
☐ the Pacific	名	太平洋
☐ voyage	名	航海，船旅
☐ important	形	重要な，大切な
☐ future	名	将来，未来
☐ with one's own eyes	熟	自分の目で

❷

☐ want ～ to V	熟	～がVすることを望む
☐ open one's doors to ～	熟	～に対して門戸を開く
☐ at that time	熟	当時（は）
☐ be afraid of ～	熟	～を恐れる
☐ learn about ～	熟	～について学ぶ

❸

☐ experience	名	経験
☐ at sea	熟	海で［の］
☐ sailor	名	船乗り，船員
☐ without	前	～なしで

Lesson
09

④ The voyage <on the Pacific> was not easy. The ship (often) went (into 15
storms). The Japanese people could not control the ship (well). They didn't
have much experience and many <of them> got sick (from the bad weather).

⑤ (One day), a very big storm came. The Japanese people could not control
the ship. (So) the American sailors began [to do it]. Some Japanese people
joined them. (With their hard work), the ship made it through the storm. 20
(After this), the Japanese and the American people began [to work (together)]
and had better communication. The American people showed the Japanese
people [how to control the ship]. Some Japanese people tried [to learn (about
America) (from the American people)]. (Later), the Japanese and American
people became friends. (On March 17), the people <on the ship> saw the 25
mountains <of San Francisco>. They were very happy.

⑥ The name <of this ship> was the *Kanrin Maru*. Fukuzawa Yukichi and
other young Japanese people were (on the ship). They learned a lot (during
their stay <in America>) and brought new ideas (back) (to Japan). (Later),
(in the Meiji era), they worked (hard) (for their country). This was a great 30
voyage <for Japan>.

❹　太平洋上の航海は，容易ではなかった。船はしばしば嵐に巻き込まれた。日本人たちは上手に船を操ることができなかった。彼らは経験が乏しく，多くの者は悪天候で体調を崩した。

❺　ある日，とても大きな嵐が来た。日本人たちは船を制御できなかった。そこで，アメリカ人の船員たちがそれをし始めた。何人かの日本人が彼らに加わった。彼らの熱心な作業のおかげで，船は嵐を抜け出した。これ以後，日本人とアメリカ人たちは協力し始め，より良いコミュニケーションを取るようになった。アメリカ人たちは，日本人に船の操縦の仕方を教えた。日本人の中には，アメリカ人からアメリカについて学ぼうとする者もいた。その後，日本人とアメリカ人たちは仲良くなった。3月17日，船上の人々はサンフランシスコの山々を見た。彼らはとても喜んだ。

❻　その船の名は，咸臨丸だった。福沢諭吉やその他の若い日本人たちが，その船に乗っていた。彼らはアメリカ滞在中に多くのことを学び，新しい思想を日本へ持ち帰った。その後，明治時代に彼らは母国のために熱心に働いた。これは，日本にとって偉大な航海であった。

❹
- [ ] go into ~　　　熟 ～に入る
- [ ] storm　　　名 嵐
- [ ] control　　　動 ～を操作する，～を制御する
- [ ] get sick　　　熟 病気になる，気分が悪くなる
- [ ] weather　　　名 天気

❺
- [ ] one day　　　熟 ある日
- [ ] begin to V　　　熟 V し始める
- [ ] join　　　動 ～に加わる
- [ ] with　　　前 ～を使って，～によって
- [ ] make it through ~
　　　熟 ～をうまく通り抜ける，
　　　　なんとか～を切り抜ける
- [ ] together　　　副 一緒に
- [ ] communication　　　名 コミュニケーション，
　　　　意思疎通
- [ ] show A B　　　熟 A に B を示す
- [ ] how to V　　　熟 V の仕方，
　　　　どのようにして V するか
- [ ] try to V　　　熟 V しようと努める
- [ ] later　　　副 あとで

❻
- [ ] other　　　形 他の
- [ ] a lot (= much)　　　熟 たくさん（のこと）
- [ ] during　　　前 ～の間に
- [ ] stay　　　名 滞在
- [ ] bring A back to B　　　熟 A を B に持ち帰る
- [ ] era　　　名 時代

END　　103

Lesson 10
問題文
LEVEL-2

単 語 数 ▶ 390 words
制限時間 ▶ 20 分
目標得点 ▶ 40 ／50点

DATE

■次の英文を読み，あとの設問に答えなさい。

These days, more and more people around the world are thinking about how they produce electricity without destroying their environment. So new technologies and cooperation between countries have become more important. Let's share three stories to learn the fact.

In 2016, Portugal tried a test for energy. They used only renewable energy such as wind, water, and sunlight. They could produce all the electricity that was necessary for the whole nation. Now, the government and companies are (1) together to make some new power plants, such as a wind power plant. They want to use more renewable energy because the energy can save oil and protect the environment. The people think using renewable energy is (2). Their goal is to stop pollution, have more energy, and get economic growth.

In Hungary, a small company is trying a different plan for producing electricity. Instead of building big power plants, they are thinking about something much smaller. The company is designing solar panels made from old plastic bottles. It is a smart way of recycling garbage to build a better future. Twenty square meters of these solar panels can make enough electricity for one house. If your house has them, your family does not have to use the electricity from big power plants. This small technology can (big / solve / used / to / be / problems).

Some countries are helping each other to use renewable energy.

Kenya has built geothermal power plants with the help of Japan. These power plants use the heat of the earth. Japan has shown the engineers in Kenya how to build these plants and taught them how to use them. Kenya has set a goal of increasing the electricity the plants can make. It will be a challenge, but they are hoping to reach this goal in the future. With Japan's help, the people of Kenya are trying hard for the economic growth of their country, too. This kind of international help is important when many countries understand global problems and build a better world.

There are various kinds of renewable energy, and countries around the world are trying to use them in a better way. Portugal, Hungary, and Kenya are good examples. Now many countries are doing their best to create newer technologies, and have better cooperation for their brighter future.

Lesson
10

設問

(1) （　1　）に当てはまる最も適切な語を，次の5語の中から1つ選び，正しい形に直して書きなさい。

stop　　　take　　　blow　　　work　　　sell

(2) （　2　）に当てはまる最も適切なものを，次の選択肢の中から1つ選びなさい。

1 not good for the environment because many people use oil

2 much better for protecting the environment than burning oil

3 not a good example of using wind, water, and sunlight

4 dangerous because renewable energy facilities cannot save oil

(3) 下線部が本文の内容に合うように，（　　　　）内の単語を並べ替えなさい。

(4) 本文中では，ケニアの再生可能エネルギーについてどのように述べられているか。最も適切なものを，次の選択肢の中から1つ選びなさい。

1 Kenya is working with a small company to put solar panels on every house.

2 Kenya has built several new wind power plants with the help of Japan.

3 Kenya is buying a lot of plastic bottles from Japan to build their power plants.

4 Kenya has built power plants with Japan to use renewable energy.

(5) 本文の内容と一致するものを，次の選択肢の中から<u>すべて</u>選びなさい。

1 New technologies are important but cooperation between countries is not important.

2 In Portugal, the government and companies are trying to stop pollution and create energy.

3 Portugal decided to use more energy, have more pollution, and get more economic growth.

4 A small company in Hungary is making solar panels from plastic bottles.

5 Japan has helped the engineers in Kenya to learn how to use geothermal power plants.

6 Countries around the world have found a better way to go without renewable energy.

Lesson
10

解　答　用　紙			
(1)		**(2)**	
(3)			
(4)		**(5)**	

解答・解説

（**1**）　空所直後の together がヒントです。重要表現 work together（**協力す
る**）を問う問題です。the government and companies が主語でその後
に be 動詞の現在形 are が続いていることと内容から，現在進行形の文
だと判断できます。よって work の ing 形 working を入れるのが適切です。

（**2**）　**1**　多くの人々が石油を使うので，環境に良くない
　　　②　環境を保護するために，石油を燃やすよりもはるかに良い
　　　3　風力や水力，太陽光を活用する例としては良いものではない
　　　4　再生可能エネルギーの施設では石油を節約することができないため，
　　　　　危険である
　　　▶直前の文で「再生可能エネルギーは石油を節約して環境を保護するこ
とができるため，彼らはより多くのそのエネルギーを使いたいのだ」とあ
り，The people think ..... と続くことから，（**2**）では「彼ら」が「より
多くの再生可能エネルギーを使いたい」と考える根拠について述べられ
ていると考えられます。よって，石油を使わずに再生可能エネルギーを
使う説明になっている **2** が適切だと判断できます。

（**3**）　be used to V（V するために使われる）に気づけるかがポイントです。そ
れがわかれば solve big problems「大きな問題を解決する」と続けること
で文が完成します。small technology の small と big problems の big
が対比のように使われているのが特徴的な文です。

（**4**）　**1**　ケニアはすべての家に太陽光パネルを設置するために小企業と取り組
　　　　　んでいる。
　　　2　ケニアは日本の援助でいくつかの新しい風力発電所を建設した。
　　　3　ケニアは発電所を建設するためにたくさんのペットボトルを日本から
　　　　　購入している。
　　　④　ケニアは再生可能エネルギーを活用するために日本と一緒に発電所を
　　　　　建設した。
　　　▶ケニアの再生可能エネルギーについては**第4段落**に書かれています。第
2～4文の内容と一致する **4** が正解です。

(5) **1** 新しい科学技術は重要であるが，国々の間での協力は重要ではない。

→**第1段落**第2文「新しい科学技術と国々の間での協力がより重要になった」という記述に矛盾します。

② ポルトガルでは，政府と会社は汚染を止め，エネルギーを作ろうと試みている。

→**第2段落**第4文，最終文に一致します。

3 ポルトガルはより多くのエネルギーを使い，汚染を増やし，より大きな経済的成長を得ると決めた。

→**第2段落**最終文「汚染を止めて，より多くのエネルギーを保有し，経済的な成長を得る」という記述に矛盾します。

④ ハンガリーのある小企業はペットボトルから太陽光パネルを作っている。

→**第3段落**第3文に一致します。

⑤ 日本は，ケニアの技師が地熱発電所を使う方法を学ぶのを手伝った。

→**第4段落**第4文に一致します。

6 世界中の国々が，再生可能エネルギーなしでやっていくより良い方法を既に発見している。

→**第5段落**第1文「世界中の国々はより良い方法でそれら［再生可能エネルギー］を活用しようと試みている」という記述に矛盾します。このように，本文中と同じような単語が使われていても，内容は異なっているという場合があります。飛びついてしまわないように気をつけましょう。

Lesson
10

正 解			
(1) (10点)	working	**(2)** (8点)	2
(3) (12点)	(This small technology can) be used to solve big problems(.)		
(4) (8点)	4	**(5)** (12点)	2, 4, 5

得点	(1回目) ／50点	(2回目)	(3回目)	CHECK YOUR LEVEL	0〜30点 ➡ *Work harder!* 31〜40点 ➡ *OK!* 41〜50点 ➡ *Way to go!*

構造確認

[ ]＝名詞　□＝修飾される名詞　＜　＞＝形容詞・同格　（　）＝副詞
S＝主語　V＝動詞　O＝目的語　C＝補語　´＝従節

❶ (These days), more and more people <around the world> are thinking about [how they produce electricity (without destroying their environment)]. So new technologies and cooperation <between countries> have become more important. Let's share three stories <to learn the fact>.

❷ (In 2016), Portugal tried a test <for energy>. They used (only) renewable energy <such as wind, water, and sunlight>. They could produce all the electricity <that was necessary (for the whole nation)>. (Now), the government and companies are working (together) (to make some new power plants, <such as a wind power plant>. They want [to use more renewable energy (because the energy can save oil and protect the environment)]. The people think [[using renewable energy] is much better (for protecting the environment (than burning oil))]. Their goal is [to stop pollution, have more energy, and get economic growth].

構文解説

❶疑問詞 how で始まる節は名詞節で，文の最後までが are thinking about の目的語になっている。

❷「A, such as B」は「A，例えば B のような」のように，B は A に対する具体例となっている。ここでは，「A = renewable energy」「B［具体例］= wind, water and sunlight」となっている。

❸ that は関係代名詞で，文末まで先行詞 all the electricity に説明を加えている。

❹ The people think と using renewable energy is 間には，接続詞の that が省略されている。that で始まる節は名詞節で，文の最後までの部分が think という動詞の目的語になっている。

【和訳】

❶ 近頃では，世界中のますます多くの人々が環境を破壊することなく発電する方法について考えている。そのため新しい科学技術と国々の間での協力がより重要になった。事実を知るために3つの話を一緒に考えてみよう。

❷ 2016年，ポルトガルはエネルギーの実験を試みた。彼らは風力，水力，太陽光のような再生可能エネルギーだけを使った。彼らは国全体に必要なすべての電力を発電することができた。風力発電所のような新しい発電所を作るために，今政府と会社が協力している。再生可能エネルギーは石油を節約して環境を保護することができるため，彼らはより多くのそのエネルギーを使いたいのだ。彼らは再生可能エネルギーを使うことは，環境を保護するために，石油を燃やすよりもはるかに良いと思っている。彼らの目標は汚染を止めて，より多くのエネルギーを保有し，経済的な成長を得ることだ。

重要語句リスト

❶
- these days 熟 近頃では
- more and more ～ 熟 ますます多くの～
- around the world 熟 世界中の
- how S V 熟 S が V する方法
- produce electricity 熟 発電する
- without Ving 熟 V することなく
- destroy 動 ～を破壊する
- environment 名 環境
- technology 名 科学技術
- cooperation 名 協力
- important 形 重要な
- share 動 ～を共有する
- fact 名 事実

❷
- Portugal 名 ポルトガル
- try 動 ～を試みる
- test 名 実験
- energy 名 エネルギー
- renewable energy 名 再生可能エネルギー
- such as ～ 熟 ～のような
- wind 名 風力
- water 名 水力
- sunlight 名 太陽光
- necessary for ～ 熟 ～に必要な
- whole 形 全体の
- nation 名 国
- government 名 政府
- company 名 会社
- work together 熟 協力する
- power plant 名 発電所
- save 動 ～を節約する
- oil 名 石油
- protect 動 ～を保護する
- much ＋ 比較級 熟 はるかに…
- better 形 良い
  good-better-best
- burn 動 ～を燃やす
- goal 名 目標
- pollution 名 汚染
- economic 形 経済的な
- growth 名 成長

Lesson
10

❸ (In Hungary), a small company is trying a different plan <for producing electricity>. (Instead of building big power plants), they are thinking about something <much smaller>. The company is designing solar panels <made from old plastic bottles>. It is a smart way <of [recycling garbage]> (to build a better future). Twenty square meters <of these solar panels> can make enough electricity <for one house>. (If your house has them), your family does not have to use the electricity <from big power plants>. This small technology can be used (to solve big problems).

❹ Some countries are helping each other (to use renewable energy). Kenya has built geothermal power plants (with the help of Japan). These power plants use the heat <of the earth>. Japan has shown the engineers <in Kenya> [how to build these plants] and taught them [how to use them]. Kenya has set a goal <of [increasing the electricity <the plants can make>]>. It will be a challenge, but they are hoping [to reach this goal (in the future)]. (With Japan's help), the people <of Kenya> are trying (hard) (for the economic growth <of their country>), (too). This kind of international help is important (when many countries understand global problems and build a better world).

❺ There are various kinds of renewable energy, and countries <around the world> are trying [to use them (in a better way)]. Portugal, Hungary, and Kenya are good examples. (Now) many countries are doing their best (to create newer technologies), and have better cooperation (for their brighter future).

---

5 「how to 動詞の原形」は「〜する方法, 〜の仕方」を意味する名詞句の働き。ここでは,「A に B を示す」を意味する「show A B」の B になっている。

❸ ハンガリーでは，ある小企業が発電のための異なった計画を試している。大きな発電所を建設する代わりに，彼らははるかに小さいものについて考えている。その会社は古いペットボトルから作られる太陽光パネルを設計している。それはより良い未来を作るための，ごみをリサイクルする賢明な方法である。20 平方メートルのこういった太陽光パネルは，１つの家にとって十分な電気を作ることができる。あなたの家にそれらがあれば，あなたの家族は大きい発電所からの電気を使わなくてもいい。この小さな科学技術は，大きな問題を解決するために使うことができる。

❹ 再生可能エネルギーを使うためにお互いに助け合っている国々がある。ケニアは日本の援助で地熱発電所を建設した。これらの発電所は地球の熱を利用する。日本はケニアの技師にこれらの発電所を建設する方法を示し，それらを使う方法を教えた。ケニアはそれらの発電所で作ることができる電力を増やすための目標を設定した。それは難題となるだろうが，彼らは将来的にこの目標を達成することを望んでいる。日本の援助で，ケニアの人々は，国の経済的な成長のためにも熱心に努力している。多くの国が世界的な問題を理解して，より良い世界を作るとき，この種の国際的な援助は重要である。

❺ 様々な種類の再生可能エネルギーがあり，世界中の国々はより良い方法でそれらを活用しようと試みている。ポルトガル，ハンガリー，そしてケニアが良い例だ。今多くの国々は，より新しい科学技術を生み出すために全力を尽くしており，より明るい未来のためにより良く［強く］協力している。

❸
Hungary	图 ハンガリー
instead of ~	熟 ~の代わりに
smaller	形 小さい
	small-smaller-smallest
design	動 ~を設計する
solar panel	图 太陽光パネル
made	動 ~を作る
	make-made-made
make A from B	熟 A を B から作る
plastic bottle	图 ペットボトル
smart	形 賢明な
way of Ving	熟 V する方法
square meters	图 平方メートル
enough	形 十分な
solve	動 ~を解決する

❹
each other	代 お互い
Kenya	图 ケニア
geothermal	形 地熱の
help	图 援助
heat	图 熱
the earth	图 地球
engineer	图 技師
show A B	熟 A に B を示す
taught	動 ~を教える
	teach-taught-taught
set a goal	熟 目標を設定する
challenge	图 難題
hope to V	熟 V することを望む
reach	動 ~を達成する
international	形 国際的な
understand	動 ~を理解する
global	形 世界的な

❺
various	形 様々な
do one's best	熟 全力を尽くす
create	動 ~を生み出す
brighter	形 明るい
	bright-brighter-brightest

Lesson
10

Lesson 11
問題文

単語数 ▶ 420 words
制限時間 ▶ 20 分
目標得点 ▶ 40 / 50点

DATE

■ 2017 年に書かれた次の英文を読み，あとの設問に答えなさい。

Do you like shopping? When you buy something, what do you think about? Some of you may think about the color, the price or the size of the thing you buy. Others may think about where it was made. But do you know how much energy and resources are used to make the thing? Do you think about how （ 1 ） you can keep the thing you buy or what you will do with it when you don't need it any more?

We need a lot of energy, resources, labor, and time to make clothes. Let's think of a cotton T-shirt as an example. First, farmers work hard to grow good cotton. According to research, 2,700 liters of water is needed to grow cotton for one T-shirt. This is the same amount needed for about 900 people to live for a day. Machines in cotton factories and T-shirt factories need energy like oil and electricity to work. The machines also use water to wash cotton, cloth, and T-shirts. After T-shirts are made in a factory, they are carried to shops. Workers at a shop try hard to sell the T-shirts. Finally you buy a T-shirt.

In Japan, we want new clothes quickly. The population of the world is increasing and the number of clothes made in the world is also increasing. However, the population of Japan is decreasing, but the number of clothes supplied in Japan has increased since 2015. In Japan, about 4 billion clothes are supplied now because many companies can make clothes cheaply. People have more chances to buy clothes. They have enough clothes at home but they want different designs. In the end, a lot of clothes are not worn. According to research, people keep their clothes for only about 3 years.

25　(a)We really don't know what to do with the clothes when we don't need them any more. When the clothes are not worn any more, more than half of them are kept at home. The rest of the clothes are recycled, reused or thrown away as waste. The clothes thrown away as waste are burned or buried. When we burn clothes, we may have air pollution. 30　Burying clothes also may be bad for the ground because it takes a long time before the clothes break into pieces.

Making clothes needs a lot of energy, resources and labor, but we don't often think of it and easily throw away our clothes. So we （　2　）.

Lesson
11

(1) (1) に当てはまる最も適切なものを，次の選択肢の中から1つ選び
なさい。

1 fast   **2** long

3 many   **4** old

(2) 次の表は，本文の内容をもとに，Tシャツの製造に関わるエネルギーや
資源をまとめたものです。表中の（　　）に共通して当てはまる最も適切
な英語1語を，本文中から抜き出して書きなさい。

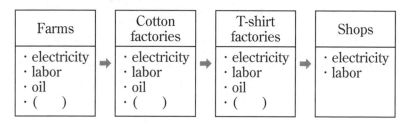

Farms	Cotton factories	T-shirt factories	Shops
· electricity · labor · oil · (　　)	· electricity · labor · oil · (　　)	· electricity · labor · oil · (　　)	· electricity · labor

(3) 第3段落の内容を表すグラフとして最も適切なものを，次の選択肢の中
から1つ選びなさい。

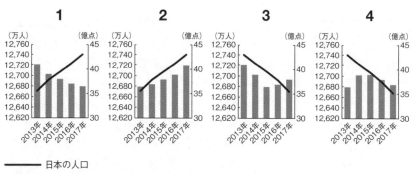

─── 日本の人口

▓▓▓ 日本における衣料品国内供給量

（**4**）　下線部(a)から生じる私たちの行動について，本文で述べられていること
は何か。最も適切なものを，次の選択肢の中から1つ選びなさい。

1　People recycle their clothes but this is not the most popular way.

2　People reuse their clothes because they don't want to burn their clothes.

3　People may have air pollution by burying clothes.

4　People throw away their clothes because buried clothes can easily break into pieces.

（**5**）　（　2　）に当てはまる文を，本文の内容をふまえて英語で書きなさい。

Lesson
11

解　答　用　紙		
（1）		
（2）		
（3）	**（4）**	
（5）		

解答・解説

（1）　　重要表現 how ... S V（どれくらい…S が V するか）がポイントです。空所直後の you can keep the thing「あなたは，その物を取っておくことができる」に対応するのは long（長く）のみで，how long you can keep the thing で「あなたは，その物をどれくらい長く取っておくことができるか」という意味になります。また，many は how many ＋名詞の複数形＋ S V（どれくらい多くの〜を S が V するか）のように使うため，この場合には当てはまりません。

（2）　　T シャツの製造工程については，**第 2 段落**で書かれています。表中の空所は，Farms，Cotton factories，T-shirt factories が共通して使用するエネルギーや資源で，electricity，labor，oil 以外のものが問われています。第 4 文，第 7 文から **water** が当てはまると判断できます。

（3）　　まず，グラフより読み取るべき情報は「日本の人口」と「日本における衣料品国内供給量」の関係であり，それらが 2013 〜 2017 年の間にどのように変化しているかということです。次に，**第 3 段落**に目を向けると，第 3 〜 4 文より，①日本の**人口は減少**していること，②日本で供給される服の数は **2015 年以来増加**し続けていること，③現在 [2017 年] **約 40 億**の服が供給されていること，が読み取れます。これら 3 つの条件を満たしているグラフは **3** だと判断できます。

（4）　①　人々は服を再生利用するが，これは最も有名な方法ではない。
　　　2　人々は服を燃やしたくないので，服を再利用する。
　　　3　人々が服を埋めることで，大気汚染を生じさせるかもしれない。
　　　4　埋められた服は簡単にバラバラになるので，人々は服を捨てる。
　　　▶下線部の訳は「私たちは，もはや服が必要なくなったときに，それらをどうすべきか本当に知らない」です。後に続く文「それら [着られなくなった服] の**半分以上**が家で取っておかれている。残りの服は再生利用，再利用されたり，ごみとして捨てられたりしている」から **1** が正解と判断できます。**第 4 段落**第 4 〜 6 文から，服を埋めることによる問題は「土壌に悪い」ことであって，「大気汚染を生じさせるかもしれない」のは服を燃やすことによるものだとわかるため，**3** は不適切です。

（ 5 ）　**解答例 1**：So we have to understand the importance of using our clothes for a long time.

だから私たちは，長い間服を使うことの重要性を理解しなくてはいけない。

解答例 2：So we should thank people who make our clothes and try to wear them for as long as possible.

だから私たちは，私たちの服を作ってくれる人々に感謝して，それらを長い間着るように努めるべきだ。

▶空所のある文は So（だから［それが理由で］）で始まっています。So は「原因 . So 結果」の関係を表すため，直前の文「服を作るにはたくさんのエネルギー，資源，そして労力を必要とするが，私たちはそのことをあまり考えずに簡単に服を捨ててしまう」を原因と考えた場合，私たちがこれから結果としてどうするべきかという，私たちと服に関する著者の考えを入れる必要があるとわかります。「考え」を述べる場合は have to V（V しなくてはいけない）や should V（V するべきだ）といった表現を使うと書きやすいでしょう。

Lesson
11

正　解	
（1）(7点) 2	
（2）(8点) water	
（3）(10点) 3	**（4）**(10点) 1
（5）(15点)	解答例 1：(So we) have to understand the importance of using our clothes for a long time(.) 解答例 2：(So we) should thank people who make our clothes and try to wear them for as long as possible(.)

得点	（1回目）　／50点	（2回目）	（3回目）	CHECK YOUR LEVEL	0〜30点 ➡ *Work harder!* 31〜40点 ➡ *OK!* 41〜50点 ➡ *Way to go!*

構造確認

[ ]＝名詞　□＝修飾される名詞　< >＝形容詞・同格　( )＝副詞
S＝主語　V＝動詞　O＝目的語　C＝補語　'＝従節

❶ Do you like shopping? (When you buy something), what do you think about? Some of you may think about the color, the price or the size <of the thing <you buy>>. Others may think about [where it was made]. But do you know [how much energy and resources are used (to make the thing)]? Do you think about [how long you can keep the thing <you buy>] or [what you will do (with it) (when you don't need it (any more))]?

❷ We need a lot of energy, resources, labor, and time (to make clothes). Let's think of a cotton T-shirt (as an example). (First), farmers work (hard) (to grow good cotton). (According to research), 2,700 liters <of water> is needed (to grow cotton <for one T-shirt>). This is the same amount <needed for about 900 people (to live (for a day))>. Machines <in cotton factories and T-shirt factories> need energy <like oil and electricity> (to work). The machines (also) use water (to wash cotton, cloth, and T-shirts). (After T-shirts are made (in a factory)), they are carried (to shops). Workers <at a shop> try (hard) [to sell the T-shirts]. (Finally) you buy a T-shirt.

・・・・・・・・・・・・・・・・・ 構文解説 ・・・・・・・・・・・・・・・・・

❶疑問詞 how で始まる節は名詞節で，think about の目的語になっている。また，この文には or があるが，A and B と同様に同じ形を並べる。ここでは，「A = how long ..... you buy」「B = what ..... any more」のように，think about の目的語を2つ並べている。

❷時・条件を表す副詞節中の動詞は，未来の文でも現在形となる。副詞節の「when S V」は時を表すため，ここでは「what you will do with it when you don't need it any more」となっている。don't need となっているが，未来の内容となる点に注意。

【和訳】

❶ あなたは買い物が好きだろうか？ あなたは何かを買うとき，何について考えるだろうか？買う物の色や価格，大きさについて考える人もいるかもしれない。どこでそれが作られたのかについて考える人もいるかもしれない。しかしあなたは，その物を作るためにどれくらいのエネルギーと資源が使われているかについて知っているだろうか？ あなたは，買う物をどれくらい長く取っておくことができるか，あるいは，もはやそれが必要なくなったときにそれをどうするかについて考えるだろうか？

❷ 服を作るためには，たくさんのエネルギー，資源，労力，時間が必要だ。例として，綿のTシャツのことを考えよう。まず第一に，農家は良い綿を育てるために懸命に働く。調査によると，１枚のTシャツのための綿を育てるのに 2,700 リットルの水が必要とされる。これは 900 人が１日生きるために必要とされるのと同じ量である。綿工場とTシャツ工場の機械は動くために，石油や電気のようなエネルギーを必要とする。また機械は綿，布，そしてTシャツを洗うために水を使う。工場でTシャツが作られた後で，それらは店へと運ばれる。店の従業員はTシャツを売ろうと懸命に努力する。最後にあなたがTシャツを買う。

重要語句リスト

❶

think about ～	熟	～について考える
some of ～ V	熟	V する～もいる
others V	熟	(他に) V する人もいる
where S V	熟	S が V する場所
		→ where は先行詞 (the place) が省略された関係副詞
made	動	～を作る
		make-made-made
how much ～ V	熟	どれくらいの～が V するか
energy	名	エネルギー
resource	名	資源
how long S V	熟	どれくらいの間 S が V するか
what you will do with it		
	熟	あなたがそれをどうするか
need	動	～を必要とする
any more	熟	もはや ..... ない

❷

labor	名	労力
think of ～	熟	～のことを考える
cotton	名	綿
as an example	熟	例として
according to ～	熟	～によると
research	名	調査
liter	名	リットル
amount	名	量
oil	名	石油
electricity	名	電気
after S V	接	S が V した後で
try to V	熟	V しようと努力する
finally	副	最後に

Lesson

11

❸ (In Japan), we want new clothes (quickly). The population <of the world>
is increasing and the number <of clothes <made in the world>>
is (also) increasing. (However), the population <of Japan> is decreasing, but
the number <of clothes <supplied in Japan>> has increased (since 2015). (In
Japan), about 4 billion clothes are supplied (now) (because many companies
can make clothes (cheaply)). People have more chances <to buy clothes>.
They have enough clothes (at home) but they want different designs. (In the
end), a lot of clothes are not worn. (According to research), people keep their
clothes (for only about 3 years).

❹ We (really) don't know [what to do (with the clothes) (when we don't need
them (any more))]. (When the clothes are not worn (any more)), more than
half <of them> are kept (at home). The rest <of the clothes> are recycled,
reused or thrown away (as waste). The clothes <thrown away (as waste)> are
burned or buried. (When we burn clothes), we may have air pollution. [Burying
clothes] (also) may be bad (for the ground) (because it takes a long time
(before the clothes break (into pieces))).

❺ [Making clothes] needs a lot of energy, resources and labor, but we don't
(often) think of it and (easily) throw away our clothes. So we have to
understand the importance <of using our clothes (for a long time)>.

---

❸ 「be 動詞 + 動詞の ing」は動作の場合は「〜している最中だ」の意味となるが，状況の場合
は「〜しつつある」の意味になる。ここでは，世界の人口の状況を伝えているため，「世界
の人口は増加しつつある」の意味。

❹ 「what to 動詞の原形」のように，「疑問詞 to 動詞の原形」は名詞句の働き。ここでは，
what から any more までが，don't know の目的語になっている。

❸ 日本では，私たちはすぐに新しい服を欲する。世界の人口は増加していて，世界で作られる服の数もまた増加している。しかしながら，日本の人口は減少しているが，日本で供給される服の数は2015年以来増加し続けてきた。日本では，多くの会社が安く服を作ることができるため，現在［2017年］約40億の服が供給されている。人々にはより多くの服を買う機会がある。彼らは家に十分な服を持っているが，異なったデザインのものを欲する。結局は，たくさんの服が着られないこととなる。調査によると，人々は服をたった3年しか取っておかない。

❹ 私たちは，もはや服が必要なくなったときに，それらをどうすべきか本当に知らない。服がもはや着られなくなったとき，それらの半分以上が家で取っておかれている。残りの服は再生利用，再利用されたり，ごみとして捨てられたりしている。ごみとして捨てられる服は，燃やされるか埋められる。服を燃やすと，大気汚染が生じるかもしれない。服を埋めることもまた，服がバラバラになるまでに長い時間がかかるので土壌に悪いかもしれない。

❺ 服を作るにはたくさんのエネルギー，資源，そして労力を必要とするが，私たちはそのことをあまり考えずに簡単に服を捨ててしまう。だから私たちは服を長い期間使うことの重要性を理解しなくてはいけない。

❸

population	⑧ 人口
increase	⑩ 増える
however	⑩ しかしながら
decrease	⑩ 減る
supply	⑩ ～を供給する
since	⑪ ～以来
billion	⑯ 10億の
company	⑧ 会社
cheaply	⑩ 安く
more	⑯ 多くの
	many-more-most
chance	⑧ 機会
enough	⑯ 十分な
at home	⑲ 家で
in the end	⑲ 結局は
worn	⑩ ～を着る
	wear-wore-worn

❹

what to do with ～	⑲ ～をどうするのか
more than ～	⑲ ～以上
half of ～	⑲ ～の半分
kept	⑩ ～を持ち続ける
	keep-kept-kept
rest	⑧ 残り
recycle	⑩ ～を再生利用する
reuse	⑩ ～を再利用する
thrown	⑩ ～を投げる
	throw-threw-thrown
throw away	⑲ ～を捨てる
as	⑪ ～として
waste	⑧ ごみ
burn	⑩ ～を燃やす
bury	⑩ ～を埋める
air pollution	⑧ 大気汚染
take	⑩ （時間が）かかる
before S V	⑱ S が V する前に
break into pieces	⑲ バラバラになる

❺

easily	⑩ 簡単に

単 語 数 ▶ **445** words
制限時間 ▶ **20** 分
目標得点 ▶ **40** ／50点
DATE

■次の英文を読み，あとの設問に答えなさい。

Jamie: We will talk about SDGs* today. Look at this poster. There are 17 SDGs. Which goal are you most interested in?

Taro: I am interested in Goal 6, clean water to everyone. In Japan, we can drink clean water at any time. But some people in the world can't. They have to drink unclean water, so (**1**). I think new technology is the key to saving these people.

Jamie: Thank you, Taro. How about you, Akiko?

Akiko: I think Goal 7, using more clean energy, is the most important. We use a lot of fossil fuels every day. But, at the same time, we produce a lot of greenhouse gases. The gases are making the Earth warmer. My house has solar panels on the roof. The panels make energy from the sun. Some houses around my house also have them on their roofs. To be good to the Earth, more people should use solar energy at (**2**).

Jamie: I like your idea, Akiko. How about you, Keiko?

Keiko: I am very interested in Goal 2, "Zero Hunger." The world is now producing more than enough food for all of the people in the world. But there are still a lot of hungry people. Why are there so many people who don't have enough food? It's a big problem.

Taro: That's true. I want to know more about that, too.

Akiko: Me too.

Jamie: Keiko, can you give a short speech about it next week?

Keiko : OK. I'll do my best.

〈発表〉

Why are there so many hungry people in the world? I think that food loss is one of the reasons. Do you know a lot of food is lost and wasted in the world each year?

(a) Why do people lose and waste so much food? For example, in developed countries, farmers throw away a lot of fruits and vegetables when their size or color is not good for selling. In developing countries, people throw away a lot of food because they can't keep them in good condition. Also, most food thrown away goes bad and produces greenhouse gases. It is another big problem.

Look at this graph. Before I found this graph, I thought there was much more industrial food loss than food loss from homes. But when I looked at it, I was surprised. It shows that (3). It means that we can do something. If we reduce food loss in our homes, we can make a big difference. Let's make the world a better place.

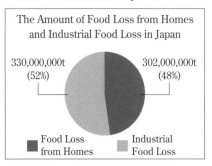

The Amount of Food Loss from Homes
and Industrial Food Loss in Japan

330,000,000t
(52%)

302,000,000t
(48%)

■ Food Loss
from Homes

■ Industrial
Food Loss

「農林水産省　食品ロスの削減とリサイクルの推進に向けて〔平成 28 年 7 月〕」より作成

＊　SDGs（2030 年までに達成すべき持続可能な開発目標）

設問

（**1**）　会話の内容から判断して，（　**1**　）に当てはまる最も適切なものを，次
　　　　の選択肢の中から１つ選びなさい。

    1　a lot of children are in good health

    2　most of the children can live in nice places

    3　a lot of children become sick and die every day

    4　a lot of children don't have to buy water

（**2**）　会話の内容から判断して，（　**2**　）に当てはまる最も適切なものを，英
　　　　語１語で書きなさい。

（**3**）　発表の下線部(a)について，けいこさんが例として述べていることを，次
　　　　の表にまとめた。表の（　**A**　），（　**B**　）に当てはまる内容を，日本語
　　　　で書きなさい。

developed countries	developing countries
たくさんの（　**A**　）という場合に廃棄されている。	たくさんの（　**B**　）という理由で廃棄されている。

（**4**）　発表内容から判断して，（　**3**　）に当てはまる最も適切なものを，次の
　　　　選択肢の中から１つ選びなさい。

    1　industrial food loss is smaller than food loss from homes

    2　industrial food loss is much larger than food loss from homes

    3　food loss from homes is almost twice the amount of industrial
      food loss

    4　food loss from homes is almost as large as industrial food loss

（5）　本文の内容と一致するものを，次の選択肢の中から２つ選びなさい。

1 Taro thinks that some people in the world need a new way to get clean water.

2 Akiko thinks that it is necessary for us to use more fossil fuels.

3 Jamie asked Keiko to give a speech on clean energy, such as solar power.

4 The students have been worried about their future jobs and talked about them.

5 Keiko thinks that one thing we can do is to reduce food loss from homes.

Lesson
12

解　答　用　紙			
（1）		（2）	
（3）	（ A ）		
	（ B ）		
（4）		（5）	

解答・解説

(1) **1** たくさんの子供が良い健康状態にある
　　2 子供の大半が良い場所で暮らすことができる
　　③ たくさんの子供が病気になって毎日死んでいる
　　4 たくさんの子供が水を買う必要がない
　　▶「原因 , so 結果」の関係から，直前の「不衛生な水を飲まなくてはいけません」が原因で起こる悪い結果が入るとわかるため，**3** が正解です。**1**，**2**，**4** はプラスの内容であるため不適切です。

(2)　　直前の部分では「家に太陽光パネルを設置する」という話題が取り上げられています。空所の前の at に注目すると，**at home**（家で）という重要表現を用いて「より多くの人々が太陽光エネルギーを家で使うべき」とするのが適切だと判断できます。

(3)　　下線部(a)の例は，下線部直後の For example（例えば）以降に記されています。
　（ A ）　先進国については，**第 2 段落**第 2 文に「farmers throw away a lot of fruits and vegetables when their size or color is not good for selling」と書かれています。
　（ B ）　発展途上国については，**第 2 段落**第 3 文に「people throw away a lot of food because they can't keep them in good condition」と書かれています。

(4) **1** 産業で廃棄される食品は，家庭で廃棄される食品よりも少ない
　　2 産業で廃棄される食品は，家庭で廃棄される食品よりもはるかに多い
　　3 家庭で廃棄される食品は，産業で廃棄される食品の量のおよそ 2 倍である
　　④ 家庭で廃棄される食品は，産業で廃棄される食品とほぼ同じくらい多い
　　▶「それ［グラフ］は（ **3** ）と示しています」とあることから，（ **3** ）にはグラフから読み取れる内容が入ると判断できます。グラフを見ると，家庭で廃棄される食品と産業で廃棄される食品の量は**ほとんど同じである**ことがわかるので，**4** が正解です。重要表現 as … as ～（～と同じくらい…）など，比較の表現は頻出のためマスターしておきましょう。

（5）① たろうは，世界にはきれいな水を得るための新しい方法を必要としている人がいると考えている。

→たろうの最初の発言部分の最終文に一致します。new technology が a new way to get clean water と言い換えられています。このように選択肢が言い換えられることは多いので，普段から慣れておくと良いでしょう。

② あきこは，私たちはより多くの化石燃料を使うことが必要だと考えている。

→あきこの最初の発言部分の第 1 文「より多くのクリーンエネルギーを使う，が最も重要だと思います」に矛盾します。あきこは化石燃料について否定的な意見を示しています。

③ ジェイミーはけいこに，太陽光発電のようなクリーンエネルギーについてのスピーチをするように頼んだ。

→ジェイミーはけいこにスピーチをするように頼んでいますが，けいこのスピーチはクリーンエネルギーについてではありません。

④ 生徒たちは，自分たちの将来の仕事について心配しており，そのことについて話した。

→冒頭のジェイミー先生の発言からもわかるように，全体を通じて生徒たちは SDGs について話しています。

⑤ けいこは，私たちにできることの 1 つは家庭で廃棄される食品を減らすことだと考えている。

→けいこは発表で廃棄される食品について話しており，また発表のまとめとして，**第 3 段落**第 6 文で「私たちが自分たちの家庭で廃棄される食品を減らせば，大きな違いを生み出すことができます」と主張しています。

Lesson
12

正　解		
（1）(6点) 3	**（2）**(6点)	home
（3）(各8点) （　A　）果物や野菜が，大きさや色が売るために適していない		
（　B　）食べ物を，良い状態に保つことができない		
（4）(6点) 4	**（5）**(各8点)	1, 5

得点	（1回目）　　　／50点	（2回目）	（3回目）	CHECK YOUR LEVEL	0〜30点 ➡ *Work harder!* 31〜40点 ➡ *OK!* 41〜50点 ➡ *Way to go!*

[ ]＝名詞　▢＝修飾される名詞　＜ ＞＝形容詞・同格　（ ）＝副詞
S＝主語　V＝動詞　O＝目的語　C＝補語　’＝従節

Jamie: We will talk about SDGs (today). Look at this poster. There are 17 SDGs. Which goal are you most interested in?

Taro: I am interested in Goal 6, <clean water to everyone>. (In Japan), we can drink clean water (at any time). But some people <in the world> can't. They have to drink unclean water, so a lot of children become sick and die (every day). I think [new technology is the key <to [saving these people]>].

Jamie: Thank you, Taro. How about you, Akiko?

Akiko: I think [Goal 7, <using more clean energy>, is the most important]. We use a lot of fossil fuels (every day). But, (at the same time), we produce a lot of greenhouse gases. The gases are making the Earth warmer. My house has solar panels (on the roof). The panels make energy (from the sun). Some houses <around my house> (also) have them (on their roofs). (To be good to the Earth), more people should use solar energy (at home).

Jamie: I like your idea, Akiko. How about you, Keiko?

Keiko: I am very interested in Goal 2, <"Zero Hunger."> The world is (now) producing more than enough food <for all of the people <in the world>>. But there are (still) a lot of hungry people. Why are there so many people <who don't have enough food>? It's a big problem.

130

【和訳】

ジェイミー：今日は SDGs について話します。このポスターを見てください。17 個の持続可能な開発目標があります。あなたが最も興味があるのはどの目標ですか？

たろう：私は目標 6，みんなに安全な水を，に興味があります。日本ではいつでもきれいな水を飲むことができます。しかし世界では，きれいな水を飲むことができない人もいます。彼らは不衛生な水を飲まなくてはいけません。そのため，たくさんの子供たちが病気になり，毎日死んでいます。私は新しい科学技術がこれらの人々を救うための鍵だと思います。

ジェイミー：ありがとう，たろう。あきこ，あなたはどう思いますか？

あきこ：私は目標 7，より多くのクリーンエネルギーを使う，が最も重要だと思います。私たちは毎日たくさんの化石燃料を使います。しかし，同時に私たちはたくさんの温室効果ガスを生じさせます。そのガスが地球をより暖かくしているのです。私の家には屋根に太陽光パネルがあります。そのパネルは日光からエネルギーを作ります。私の家のまわりにもまた，屋根に太陽光パネルがある家があります。地球に良くあるためには，より多くの人々が太陽光エネルギーを家で使うべきだと思います。

ジェイミー：良い考えですね，あきこ。けいこ，あなたはどう思いますか？

けいこ：私は目標 2，飢餓をゼロに，にとても興味があります。世界では今，世界のすべての人にとって十分な量よりも多くの食品を生産しています。しかし，まだたくさんのお腹を空かせた人々がいます。なぜ十分な食べ物がない人々がそんなにたくさんいるのでしょうか？　これは大きな問題です。

重要語句リスト

☐ SDGs（=Sustainable Development Goals）		
	图 持続可能な開発目標	
	（2030 年までに持続可能	
	でよりよい世界を目指す	
	国際目標）	
☐ goal	图 目標	
☐ be interested in ～	熟 ～に興味を持つ	
☐ clean	形 清潔な	
☐ at any time	熟 いつでも	
☐ unclean	形 不衛生な	
☐ so S V	接 だから S は V する	
☐ a lot of ～	熟 たくさんの～	
☐ children	图 子供たち	
	→ child の複数形	
☐ sick	形 病気の	
☐ die	動 死ぬ	
☐ technology	图 科学技術	
☐ key to Ving	熟 V するための鍵	
☐ save	動 ～を救う	
☐ how about you	熟 あなたはどうですか	
☐ use	動 ～を使う	
☐ clean energy	图 クリーンエネルギー	
☐ important	形 重要な	
☐ fossil fuel	图 化石燃料	
☐ at the same time	熟 同時に	
☐ produce	動 ～を発生させる	
☐ greenhouse gas	图 温室効果ガス	
☐ warmer	形 暖かい	
	warm-warmer-warmest	
☐ solar panel	图 太陽光パネル	
☐ roof	图 屋根	
☐ make A from B	熟 A を B から作る	
☐ around	前 ～の周りに	
☐ solar energy	图 太陽光エネルギー	
☐ idea	图 考え	
☐ hunger	图 飢餓	
☐ produce	動 ～を生産する	
☐ enough	形 十分な	

Lesson

12

Taro: That's true. I want [to know more (about that)], (too).

Akiko: Me too.

Jamie: Keiko, can you give a short speech <about it> (next week)?

Keiko: OK. I'll do my best.

〈発表〉

❶ Why are there so many hungry people (in the world)? I think [that food 25
loss is one <of the reasons>]. Do you know [a lot of food is lost and wasted
(in the world) (each year)]?

❷ Why do people lose and waste so much food? (For example), (in developed
countries), farmers throw away a lot of fruits and vegetables (when their size
or color is not good (for selling)). (In developing countries), people throw away 30
a lot of food (because they can't keep them (in good condition)). (Also), most
food <thrown away> goes bad and produces greenhouse gases. It is another
big problem.

❸ Look at this graph. (Before I found this graph), I thought [there was much
more industrial food loss (than food loss <from homes>). But (when I looked 35
at it), I was surprised. It shows [that food loss <from homes> is (almost) (as
large (as industrial food loss)]. It means [that we can do something]. (If we
reduce food loss <in our homes>), we can make a big difference. Let's make
the world a better place.

たろう：その通りですね。私ももっとそのことについて知りたいです。

あきこ：私も知りたいです。

ジェイミー：けいこ，来週そのことについて短いスピーチをしてもらえますか？

けいこ：わかりました。頑張ります。

❶ どうして世界にはこんなにたくさんのお腹を空かせた人がいるのでしょうか？　私は廃棄される食品が，理由の1つだと思います。あなたは，世界中で毎年たくさんの食品が無駄にされているのを知っていますか？

❷ なぜ人々はこんなにたくさんの食品を無駄にするのでしょうか？　例えば先進国では，大きさや色が売るのに適していない場合，農業者はたくさんの果物や野菜を捨てます。発展途上国では，これらを良い状態に保つことができないために，人々はたくさんの食品を捨てます。また，捨てられた食品の大半が腐り，温室効果ガスを排出します。それがもう1つの大きな問題です。

❸ このグラフを見てください。私はこのグラフを見つける前，家庭から廃棄される食品と比べて産業で廃棄される食品がはるかに多いと思っていました。しかし，グラフを見たとき，私は驚きました。グラフは家庭から廃棄される食品は，産業で廃棄される食品と同じくらい多いことを示しています。それは私たちにも何かができるということを意味しています。私たちが自分たちの家庭で廃棄される食品を減らせば，大きな違いを生み出すことができます。世界をより良い場所にしましょう。

☐ give a speech	熟	スピーチをする
☐ do one's best	熟	全力を尽くす
❶		
☐ food loss	名	廃棄される食品
☐ one of the ～	熟	～の1つ
☐ reason	名	理由
☐ lost	動	～を無駄にする
		lose-lost-lost
☐ waste	動	～を無駄にする
☐ each year	熟	毎年
❷		
☐ developed country	名	先進国
☐ throw away	熟	捨てる
☐ good for Ving	熟	Vするのに適している
☐ developing country	名	発展途上国
☐ keep O C	動	OをCに保つ
☐ condition	名	状態
☐ go bad	熟	腐る
☐ another	形	もう1つの
☐ problem	名	問題
❸		
☐ graph	名	グラフ
☐ found	動	～を見つける
		find-found-found
☐ thought	動	..... と思う
		think-thought-thought
☐ much ＋ 比較級	副	はるかに…
☐ industrial	形	産業の
☐ home	名	家庭
☐ surprise	動	～を驚かせる
☐ show that S V	熟	SがVするということを示す
☐ almost	副	ほぼ
☐ as ... as ～	熟	～と同じくらい…
☐ mean that S V	熟	SがVするということを意味する
☐ something	代	何か
☐ reduce	動	～を減らす
☐ make a difference	熟	違いを生み出す
☐ make O C	動	OをCにする
☐ better	形	良い
		good-better-best

Lesson
12

END　133

MEMO

【訂正のお知らせはコチラ】
　本書の内容に万が一誤りがございました場合は, 東進 WEB 書店 (https://www.toshin.com/books/) の本書ページにて随時お知らせいたしますので, こちらをご確認ください。☞

【問題文出典】
本書に掲載している英文は, 公立高校の入試問題を使用しています（必要に応じて一部改変）。
Lesson 01：栃木県　**Lesson 02**：沖縄県　**Lesson 03**：秋田県　**Lesson 04**：岩手県　**Lesson 05**：岡山県　**Lesson 06**：岩手県　**Lesson 07**：北海道　**Lesson 08**：青森県　**Lesson 09**：長野県　**Lesson 10**：愛知県　**Lesson 11**：岩手県　**Lesson 12**：鳥取県

大学受験　レベル別問題集シリーズ

英語長文レベル別問題集② 初級編【改訂版】

発行日：2023年　3月　1日　　初版発行
　　　　2024年　11月　26日　　第5版発行

著者：**安河内哲也／大岩秀樹**

発行者：**永瀬昭幸**

編集担当：山村帆南
発行所：株式会社ナガセ
　　　　〒180-0003 東京都武蔵野市吉祥寺南町 1-29-2
　　　　出版事業部（東進ブックス）
　　　　TEL：0422-70-7456 ／ FAX：0422-70-7457
　　　　URL：http://www.toshin.com/books（東進 WEB 書店）
　　　　※本書を含む東進ブックスの最新情報は東進WEB書店をご覧ください。

制作協力：株式会社ティーシーシー（江口里菜）
編集協力：松下未歩　松本六花　三木龍瑛　湯本実果里
　　装丁：東進ブックス編集部
組版・印刷・製本：シナノ印刷株式会社
音声収録：財団法人英語教育協議会（ELEC）
音声出演：Jennifer Okano　Vicki Glass
　　　　　Guy Perryman　Alka Lodha　江口里菜
動画出演：Nick Norton

合格の秘訣① 全国屈指の実力講師陣

東進の実力講師陣
数多くのベストセラー参考書を執筆!!

東進ハイスクール・
東進衛星予備校では、
そうそうたる講師陣が君を熱く指導する!

本気で実力をつけたいと思うなら、やはり根本から理解させてくれる一流講師の授業を受けることが大切です。東進の講師は、日本全国から選りすぐられた大学受験のプロフェッショナル。何万人もの受験生を志望校合格へ導いてきたエキスパート達です。

英語

本物の英語力をとことん楽しく!日本の英語教育をリードするMr.4Skills.

安河内 哲也先生
[英語]

100万人を魅了した予備校界のカリスマ。抱腹絶倒の名講義を見逃すな!

今井 宏先生
[英語]

爆笑と感動の世界へようこそ。「スーパー速読法」で難解な長文も速読即解!
渡辺 勝彦先生
[英語]

雑誌「TIME」やベストセラーの翻訳も手掛け、英語界でその名を馳せる実力講師。

宮崎 尊先生
[英語]

いつのまにか英語を得意科目にしてしまう、情熱あふれる絶品授業!

大岩 秀樹先生
[英語]

全世界の上位5%(PassA)に輝く、世界基準のスーパー実力講師!

武藤 一也先生
[英語]

関西の実力講師が、全国の東進生に「わかる」感動を伝授。

慎 一之先生
[英語]

数学

数学を本質から理解し、あらゆる問題に対応できる力を与える珠玉の名講義!

志田 晶先生
[数学]

論理力と思考力を鍛え、問題解決力を養成。多数の東大合格者を輩出!

青木 純二先生
[数学]

「ワカル」を「デキル」に変える新しい数学は、君の思考力を刺激し、数学のイメージを覆す!

松田 聡平先生
[数学]

明快かつ緻密な講義が、君の「自立した数学力」を養成する!

寺田 英智先生
[数学]

WEBで体験

東進ドットコムで授業を体験できます！
実力講師陣の詳しい紹介や、各教科の学習アドバイスも読めます。
www.toshin.com/teacher/

国語

「脱・字面読み」トレーニングで、「読む力」を根本から改革する！

輿水 淳一先生
[現代文]

明快な構造板書と豊富な具体例で必ず君を納得させる！「本物」を伝える現代文の新鋭。

西原 剛先生
[現代文]

東大・難関大志望者から絶大なる信頼を得る本質の指導を追究。

栗原 隆先生
[古文]

ビジュアル解説で古文を簡単明快に解き明かす実力講師。

富井 健二先生
[古文]

縦横無尽な知識に裏打ちされた立体的な授業に、グングン引き込まれる！

三羽 邦美先生
[古文・漢文]

幅広い教養と明解な具体例を駆使した緩急自在の講義。漢文が身近になる！

寺師 貴憲先生
[漢文]

小論文、総合型、学校推薦型選抜のスペシャリストが、君の学問センスを磨き、執筆プロセスを直伝！

正司 光範先生
[小論文]

文章で自分を表現できれば、受験も人生も成功できますよ。「笑顔と努力」で合格を！

石関 直子先生
[小論文]

理科

正しい道具の使い方で、難問が驚くほどシンプルに見えてくる！

宮内 舞子先生
[物理]

化学現象を疑い化学全体を見通す"伝説の講義"は東大理三合格者も絶賛。

鎌田 真彰先生
[化学]

「なぜ」をとことん追究し「規則性」「法則性」が見えてくる大人気の授業！

立脇 香奈先生
[化学]

「いきもの」をこよなく愛する心が君の探究心を引き出す！生物の達人。

飯田 高明先生
[生物]

地歴公民

歴史の本質に迫る授業と、入試頻出の「表解板書」で圧倒的な信頼を得る！

金谷 俊一郎先生
[日本史]

つねに生徒と同じ目線に立って、入試問題に対する的確な思考法を教えてくれる。

井之上 勇先生
[日本史]

"受験世界史に荒巻あり"と言われる超実力人気講師！世界史の醍醐味を。

荒巻 豊志先生
[世界史]

世界史を「暗記」科目だなんて言わせない。正しく理解すれば必ず伸びることを一緒に体感しよう。

加藤 和樹先生
[世界史]

どんな複雑な歴史も難問も、シンプルな解説で本質から徹底理解できる。

清水 裕子先生
[世界史]

わかりやすい図解と統計の説明に定評。

山岡 信幸先生
[地理]

政治と経済のメカニズムを論理的に解明しながら、入試頻出ポイントを明確に示す。

清水 雅博先生
[公民]

「今」を知ることは「未来」の扉を開くこと。受験に留まらず、目標を高く、そして強く持て！

執行 康弘先生
[公民]

※書籍画像は2024年10月末時点のものです。

付録 **2**

合格の秘訣2 ココが違う 東進の指導

01 人にしかできないやる気を引き出す指導

夢と志は志望校合格への原動力!

夢・志を育む指導

東進では、将来を考えるイベントを毎月実施しています。夢・志は大学受験のその先を見据える、学習のモチベーションとなります。仲間とワクワクしながら将来の夢・志を考え、さらに志を言葉で表現していく機会を提供します。

一人ひとりを大切に君を個別にサポート

担任指導

東進が持つ豊富なデータに基づき君だけの合格設計図をともに考えます。熱誠指導でどんな時でも君のやる気を引き出します。

受験は団体戦!仲間と努力を楽しめる

チーム制

東進ではチームミーティングを実施しています。週に1度学習の進捗報告や将来の夢・目標について語り合う場です。一人じゃないから楽しく頑張れます。

現役合格者の声

東京大学 文科一類
中村 誠雄くん
東京都 私立 駒場東邦高校卒

林修先生の現代文記述・論述トレーニングは非常に良質で、大いに受講する価値があると感じました。また、担任指導やチームミーティングは心の支えでした。現状を共有でき、話せる相手がいることは、東進ならではで、受験という本来孤独な闘いにおける強みだと思います。

02 人間には不可能なことをAIが可能に

学力×志望校 一人ひとりに最適な演習をAIが提案!

AI演習

東進のAI演習講座は2017年から開講していて、のべ100万人以上の卒業生の、200億題にもおよぶ学習履歴や成績、合否等のビッグデータと、各大学入試を徹底的に分析した結果等の教務情報をもとに年々その精度が上がっています。2024年には全学年にAI演習講座が開講します。

■AI演習講座ラインアップ

高3生 苦手克服&得点力を徹底強化!
「志望校別単元ジャンル演習講座」
「第一志望校対策演習講座」
「最難関4大学特別演習講座」

高2生 大学入試の定石を身につける!
「個人別定石問題演習講座」

高1生 素早く、深く基礎を理解!
「個人別基礎定着問題演習講座」 **2024年夏 新規開講**

現役合格者の声

千葉大学 医学部医学科
寺嶋 伶旺くん
千葉県立 船橋高校卒

高1の春に入学しました。野球部と両立しながら早くから勉強をする習慣がついていたことは僕が合格した要因の一つでした。「志望校別単元ジャンル演習講座」は、AIが僕の苦手を分析して、最適な問題演習セットを提示してくれるため、集中的に弱点を克服することができました。

03 本当に学力を伸ばすこだわり

楽しい！わかりやすい！そんな講師が勢揃い

実力講師陣

わかりやすいのは当たり前！おもしろくてやる気の出る授業を約束します。1・5倍速×集中受講の高速学習。そして、12レベルに細分化された授業を組み合わせ、スモールステップで学力を伸ばす君だけのカリキュラムをつくります。

英単語1800語を最短1週間で修得！

高速マスター

基礎・基本を短期間で一気に身につける「高速マスター基礎力養成講座」を設置しています。オンラインで楽しく効率よく取り組めます。

本番レベル・スピード返却 学力を伸ばす模試

東進模試

常に本番レベルの厳正実施。合格のために何をすべきか点数でわかります。WEBを活用し、最短中3日の成績表スピード返却を実施しています。

パーフェクトマスターのしくみ

合格したら次の講座へステップアップ

授業 知識・概念の 修得 → **確認テスト** 知識・概念の 定着 → **講座修了判定テスト** 知識・概念の 定着

毎授業後に確認テスト　　最後の講の確認テストに合格したら挑戦！

現役合格者の声

早稲田大学 基幹理工学部
津行 陽奈さん
神奈川県 私立 横浜雙葉高校卒

私が受験において大切だと感じたのは、長期的な積み重ねです。基礎力をつけるために「高速マスター基礎力養成講座」や授業後の「確認テスト」を満点にすること、模試の復習などを積み重ねていくことでどんどん合格に近づき合格することができたと思っています。

ついに登場！ 君の高校の進度に合わせて学習し、定期テストで高得点を取る！

高校別対応の個別指導コース

目指せ！「定期テスト」 20点アップ！ 学年順位も急上昇!!

楽しく、集中が続く、授業の流れ

1. 導入

授業の冒頭では、講師と担任助手の先生が今回扱う内容を紹介します。

2. 授業

約15分の授業でポイントをわかりやすく伝えます。要点はテロップでも表示されるので、ポイントがよくわかります。

3. まとめ

授業が終わったら、次は確認テスト。その前に、授業のポイントをおさらいします。

学力を伸ばす模試

本番を想定した「厳正実施」
統一実施日の「厳正実施」で、実際の入試と同じレベル・形式・試験範囲の「本番レベル」模試。
相対評価に加え、絶対評価で学力の伸びを具体的な点数で把握できます。

12大学のべ42回の「大学別模試」の実施
予備校界随一のラインアップで志望校に特化した"学力の精密検査"として活用できます(同日・直近日体験受験を含む)。

単元・ジャンル別の学力分析
対策すべき単元・ジャンルを一覧で明示。学習の優先順位がつけられます。

最短中5日で成績表返却
WEBでは最短中3日で成績を確認できます。※マーク型の模試のみ

合格指導解説授業
模試受験後に合格指導解説授業を実施。重要ポイントが手に取るようにわかります。

2024年度
東進模試 ラインアップ

共通テスト対策
- 共通テスト本番レベル模試 ……… 全4回
- 全国統一高校生テスト (全学年統一一部門)(高2生部門)(高1生部門) 全2回

同日体験受験
- 共通テスト同日体験受験 ……… 全1回

記述・難関大対策
- 早慶上理・難関国公立大模試 全5回
- 全国有名国公私大模試 ……… 全5回
- 医学部82大学判定テスト……… 全2回

基礎学力チェック
- 高校レベル記述模試 (高2)(高1) 全2回
- 大学合格基礎力判定テスト 全4回
- 全国統一中学生テスト (全学年統一一部門)(中2生部門)(中1生部門) 全2回
- 中学学力判定テスト (中2生)(中1生) 全4回

※ 2024年度に実施予定の模試は、今後の状況により変更する場合があります。
最新の情報はホームページでご確認ください。

大学別対策
- 東大本番レベル模試 ……… 全4回
- 高2東大本番レベル模試 全4回
- 京大本番レベル模試 ……… 全4回
- 北大本番レベル模試 ……… 全2回
- 東北大本番レベル模試 ……… 全2回
- 名大本番レベル模試 ……… 全3回
- 阪大本番レベル模試 ……… 全3回
- 九大本番レベル模試 ……… 全3回
- 東工大本番レベル模試 [第1回] 全2回
- 東京科学大本番レベル模試 [第2回]
- 一橋大本番レベル模試 ……… 全2回
- 神戸大本番レベル模試 ……… 全2回
- 千葉大本番レベル模試 ……… 全1回
- 広島大本番レベル模試 ……… 全1回

同日体験受験
- 東大入試同日体験受験 ……… 全1回
- 東北大入試同日体験受験 ……… 全1回
- 名大入試同日体験受験 ……… 全1回

直近日体験受験 各1回
京大入試 直近日体験受験	北大入試 直近日体験受験	阪大入試 直近日体験受験
九大入試 直近日体験受験	東京科学大入試 直近日体験受験	一橋大入試 直近日体験受験

2024年 東進現役合格実績
受験を突破する力は未来を切り拓く力!

東進へのお問い合わせ・資料請求は
東進ドットコム www.toshin.com
もしくは下記のフリーコールへ！

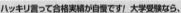

ハッキリ言って合格実績が自慢です！ 大学受験なら、

東進ハイスクール　　　　0120-104-555
トーシン　ゴーゴーゴー

●東京都		成増校	0120-028-104	●神奈川県		市川駅前校	0120-104-381
[中央地区]		練馬校	0120-104-643	青葉台校	0120-104-947	稲毛海岸校	0120-104-575
□ 市ヶ谷校	0120-104-205	[城南地区]		厚木校	0120-104-716	□ 海浜幕張校	0120-104-926
□ 新宿エルタワー校	0120-104-121	大井町校	0120-575-104	川崎校	0120-226-104	□★柏校	0120-104-353
＊新宿校大学受験本科	0120-104-020	蒲田校	0120-265-104	湘南台東口校	0120-104-706	北習志野校	0120-344-104
高田馬場校	0120-104-770	五反田校	0120-672-104	新百合ヶ丘校	0120-104-182	□ 新浦安校	0120-556-104
□ 人形町校	0120-104-075	三軒茶屋校	0120-104-739	センター南駅前校	0120-104-722	新松戸校	0120-104-354
[城北地区]		□ 渋谷駅西口校	0120-389-104	たまプラーザ校	0120-104-445	千葉校	0120-104-564
赤羽校	0120-104-293	下北沢校	0120-104-672	鶴見校	0120-876-104	□★津田沼校	0120-104-724
本郷三丁目校	0120-104-068	自由が丘校	0120-964-104	登戸校	0120-104-157	成田駅前校	0120-104-346
茗荷谷校	0120-738-104	成城学園前駅校	0120-104-616	平塚校	0120-104-742	船橋校	0120-104-514
[城東地区]		千歳烏山校	0120-104-331	□ 藤沢校	0120-104-549	松戸校	0120-104-257
綾瀬校	0120-104-762	千歳船橋校	0120-104-825	□ 武蔵小杉校	0120-165-104	南柏校	0120-104-439
金町校	0120-452-104	都立大学駅前校	0120-275-104	□★横浜校	0120-104-473	八千代台校	0120-104-863
亀戸校	0120-104-889	中目黒校	0120-104-261	●埼玉県		●茨城県	
□★北千住校	0120-693-104	□ 二子玉川校	0120-104-959	□ 浦和校	0120-104-561	つくば校	0120-403-104
錦糸町校	0120-104-249	[東京都下]		□ 大宮校	0120-104-858	取手校	0120-104-328
□ 豊洲校	0120-104-282	吉祥寺南口校	0120-104-775	春日部校	0120-104-508	●静岡県	
西新井校	0120-266-104	国立校	0120-104-599	川口校	0120-917-104	★静岡校	0120-104-585
西葛西校	0120-289-104	国分寺校	0120-622-104	川越校	0120-104-538	●奈良県	
船堀校	0120-104-201	立川駅北口校	0120-104-662	小手指校	0120-104-759	★奈良校	0120-104-597
門前仲町校	0120-104-016	田無校	0120-104-272	志木校	0120-104-202		
[城西地区]		調布校	0120-104-305	せんげん台校	0120-104-388		
□ 池袋校	0120-104-062	八王子校	0120-896-104	草加校	0120-104-690	★ は高卒本科(高卒生)設置校	
大泉学園校	0120-104-862	東久留米校	0120-565-104	所沢校	0120-104-594	＊ は高卒生専用校舎	
荻窪校	0120-687-104	府中校	0120-104-676	□★南浦和校	0120-104-573	□ は中学部設置校	
高円寺校	0120-104-627	□★町田校	0120-104-507	与野校	0120-104-755		
石神井校	0120-104-159	三鷹校	0120-104-149	●千葉県		※変更の可能性があります。	
□ 巣鴨校	0120-104-780	武蔵小金井校	0120-480-104	我孫子校	0120-104-253	最新情報はウェブサイトで確認できます。	
		武蔵境校	0120-104-769				

全国約1,000校、10万人の高校生が通う、

東進衛星予備校　　　　0120-104-531
トーシン　ゴーサイン

近くに東進の校舎がない高校生のための

東進ハイスクール 在宅受講コース　　0120-531-104
ゴーサイン　トーシン

ここでしか見られない受験と教育の最新情報が満載！

東進ドットコム　www.toshin.com
東進 🔍検索

東進TV

東進のYouTube公式チャンネル「東進TV」。日本全国の学生レポーターがお送りする大学・学部紹介は必見！

大学入試過去問データベース

君が目指す大学の過去問を素早く検索できる！ 2024年入試の過去問も閲覧可能！

大学入試問題
過去問データベース
190大学 最大30年分を
無料で閲覧！

※2024年4月現在